İNGİLTERE'NİN TAM BÖLGESEL YEMEKLERİ

İngiltere'nin Zengin Mutfak Halısından Zamanla Test Edilmiş 100 Tarif

Beyza Kaplan

Telif Hakkı Malzemesi ©2024

Her hakkı saklıdır

Bu kitabın hiçbir bölümü, incelemede kullanılan kısa alıntılar dışında, yayıncının ve telif hakkı sahibinin uygun yazılı izni olmadan, hiçbir şekilde veya yöntemle kullanılamaz veya aktarılamaz. Bu kitap tıbbi, hukuki veya diğer profesyonel tavsiyelerin yerine geçmemelidir.

İÇİNDEKİLER _

İÇİNDEKİLER _ 3
GİRİİŞ 7
KAHVALTI 8

    1. KLASİK SOSİS VE YUMURTALI MUFFİN 9
    2. İNGİLİZCE YULAF EZMESİ 11
    3. TAM İNGİLİZ KAHVALTISI 13
    4. İNGİLİZ OMLETİ 15
    5. İNGİLİZ PATATES KREPLERİ 17
    6. WICKLOW KREP 19
    7. GELENEKSEL İNGİLİZ KAHVALTISI 21
    8. İNGİLİZ KAHVALTI ÇÖREKLERİ 23
    9. İNGİLİZ KAHVALTISI SOSİS 25
    10. İNGİLİZ PATATES KUTUSU 27
    11. ACILI YUMURTA 29
    12. YUMURTA SALATALI SANDVİÇLER 31
    13. İSKOÇ YUMURTALARI 33
    14. VEJETARYEN İNGİLİZ KAHVALTISI 36
    15. FÜME SOMON VE AVOKADO TOST 38

MEZELER VE ATIŞTIRMALIKLAR 40

    16. SİYAH PUDİNG 41
    17. İNGİLİZ PUB PEYNİR SOSU 43
    18. İNGİLİZ KAHVELİ MUFFİNLER 45
    19. REUBEN TEPELİ İNGİLİZ NACHOS 47
    20. GUINNESS KONSERVE SIĞIR KAYDIRICILARI 50
    21. GUINNESS SIRLANMIŞ KÖFTE 52
    22. İNGİLİZ PUB BÖREKLERİ 54
    23. İNGİLİZ SOSİS RULOLARI 57

ÇÖRF VE EKMEK 60

    24. TUZLU PEYNİRLİ ÇÖREKLER 61
    25. İNGİLİZ SODALI EKMEK 63

26. İngiliz Buğday Ekmeği 65
27. İngilizce Veya Dublin Şımartmak 67
28. Ekşi Kremalı İngiliz Ekmeği 69
29. İngiliz Çiftlik Evi Somunu 71
30. Yulaf Ezmeli Ekmek 73
31. İngiliz Yoğurtlu Ekmek 76
32. Tam Buğday Sodalı Ekmek 78
33. İngiliz Bira Ekmeği 80
34. İngiliz Barmbrack Ekmeği 82
35. İngiliz Çil Ekmeği 84
36. Baharatlı Ekmek 86

ANA DİL 88

37. İngilizce Şampiyonu 89
38. Lahana veya Lahana ile Colcannon 91
39. Tavuklu ve Pırasalı Turta 93
40. Yazılış ve Pırasa 95
41. Safranlı ve Domatesli Morina 97
42. Güvercin ve Yiğit 99
43. Kuzu Güveç 101
44. Pek Çok İyi Şeyi Olan Tavuk Suyu 103
45. Lahana ve Pastırma 105
46. Fırında Doldurulmuş Ringa balığı 107
47. Kızarmış Kereviz 109
48. Beş Baharatlı Lahana Turşusu Kabuklu Somon 111
49. Sıcak Tereyağlı Midye 113
50. Tarçınlı Patates 115
51. Limonlu ve Otlu Domuz Filetosu 117
52. Baharatlı Şişman Domuz Eti 119
53. İngiliz Usulü Fırında Alabalık 122

YAHVELER VE ÇORBALAR 124

54. İngiliz Kuzu Yahni 125
55. İngiliz usulü pişmiş yaban havucu 127
56. İngiliz Deniz Mahsulleri Çorbası 129
57. Köfteli Tavuk Yahni 131
58. Kremalı Midye Çorbası 134

59. Taze Bezelye Çorbası 136
60. Hazır İngiliz Kremalı Patates Çorbası 138
61. Şalgam ve Pastırma Çorbası 140

TATLI 142

62. Kara Orman Ayakkabıcı 143
63. Elma gevreği 145
64. Şekerli Bisküvili Karışık Berry Cobbler 147
65. Mini Limonlu Çiseleyen Kek 150
66. Yakut Çaylı Bisküvi 152
67. kurabiye Çerezler 155
68. Çilek Eton Mess 157
69. Tutku Meyvesi Posset 159
70. Klasik Banoffee Pastası 161
71. Banoffee Çizkek 163
72. İngiliz Sarı Adam 165
73. Fındıklı Frangelico Kremalı Fudge Puding 167
74. Kızarmış Ravent 169
75. Carrageen Yosunlu Puding 171
76. Ekmek ve tereyağlı puding 173
77. Yanmış Portakal 175
78. İngiliz Kremalı Kek 177
79. Morina Ayakkabıcı 179
80. Sırlı İngiliz Çayı Kek 181
81. İngilizce Çikolatalı Kek 184
82. İngiliz Kahvesi Turtası 186
83. İngiliz Kremalı Dondurulmuş Yoğurt 188
84. İngiliz Kremalı Balkabağı Turtası 190

İÇECEKLER 192

85. Pimm'ın Kupası 193
86. Mürver Çiçeği Fizz 195
87. Bir Büküm ile Cin ve Tonik 197
88. Frenk üzümü samimi maytap 199
89. Earl Grey Martini 201
90. İngiliz Kahvesi 203
91. Campbell'ın Zencefili 205

92. KLASİK İNGİLİZ KAHVESİ 207
93. KAHVE-EGNOG YUMRUK 209
94. KAHLUA KAHVESİ 211
95. BAİLEY'NİN İNGİLİZ KAPUÇİNO'SU 213
96. İYİ ESKİ İNGİLİZCE 215
97. BUSHMİLLS KAHVESİ 217
98. SİYAH İNGİLİZ KAHVESİ 219
99. RUM KAHVESİ 221
100. VİSKİ ATICI 223

ÇÖZÜM 225

GİRİİŞ

İngiltere'nin zengin mutfak dokusundan zamanla test edilmiş 100 tarifi keşfetmeye yönelik mutfak pasaportunuz olan "İngiltere'nin Tam Bölgesel Yemekleri"ne hoş geldiniz. Bu yemek kitabı, İngiltere'nin bölgesel mutfaklarını tanımlayan çeşitli lezzetlerin, geleneksel yemeklerin ve mutfak mirasının bir kutlamasıdır. İkonik balık ve patates kızartmasının ötesine geçen, sizi nesiller boyunca İngiliz sofralarını süsleyen özgün ve köklü tariflerin tadını çıkarmaya davet eden bir yolculuğa bize katılın.

İngiltere'nin çeşitli bölgelerinden ilham alan doyurucu yahnilerin, hoş kokulu turtaların ve tatlı ikramların baştan çıkarıcı aromasıyla dolu bir mutfak hayal edin. "İngiltere'nin Tam Bölgesel Yemekleri" bir tarif koleksiyonundan daha fazlasıdır; İngiliz mutfağını bu kadar çeşitli ve sevilen kılan yerel malzemelerin, mutfak geleneklerinin ve bölgesel spesiyalitelerin araştırılmasıdır. İster İngiltere'de kökleriniz olsun ister sadece İngiliz mutfağının lezzetlerini takdir edin, bu tarifler her bölgenin özgün lezzetlerini yeniden yaratmanız için size ilham vermek üzere hazırlanmıştır.

Klasik Cornish hamur işlerinden Yorkshire pudinglerine kadar her tarif, İngiltere'nin bölgesel yemeklerini karakterize eden farklı tatların ve mutfak tekniklerinin bir kutlamasıdır. İster rahat bir gece geçirmek için rahatlatıcı bir yemek planlıyor olun, ister İngiliz esintili bir ziyafete ev sahipliği yapıyor olun, bu yemek kitabı İngiliz bölgesel yemek pişirme sanatında ustalaşmak için başvuracağınız kaynaktır.

Her yaratımın, ülkenin gastronomik kimliğini şekillendiren benzersiz mutfak geleneklerinin ve zaman içinde test edilmiş tariflerin bir kanıtı olduğu İngiltere'nin çeşitli manzaralarını geçerken bize katılın. Öyleyse önlüğünüzü giyin, İngiliz misafirperverliğinin sıcaklığını kucaklayın ve " İngiltere'nin Tam Bölgesel Yemekleri " ile leziz bir yolculuğa çıkalım.

KAHVALTI

1. Klasik Sosis ve Yumurtalı Muffin

İÇİNDEKİLER:
- 2 İngiliz çöreği, bölünmüş ve kızartılmış
- 4 domuz kahvaltısı sosis köftesi
- 2 dilim çedar peyniri
- 2 yumurta
- Tereyağı, yemek pişirmek için
- Tatmak için biber ve tuz

TALİMATLAR:
a) Sosis köftelerini paketteki talimatlara göre veya tamamen pişene kadar pişirin.
b) Bir tavada orta ateşte tereyağını eritin.
c) Yumurtaları tavaya kırın ve istediğiniz pişme derecesine kadar pişirin. Tuz ve karabiberle tatlandırın.
ç) Her kızarmış İngiliz çöreğinin alt yarısına bir sosis köftesi yerleştirin.
d) Her sosis köftesinin üzerine bir dilim kaşar peyniri ekleyin.
e) Peynirin üzerine pişmiş yumurtayı koyun.
f) Bir sandviç oluşturmak için kızarmış İngiliz çöreğinin diğer yarısını üstüne yerleştirin.

2.İngilizce Yulaf Ezmesi

İÇİNDEKİLER:
- 4 bardak Su
- 1 çay kaşığı Tuz
- 1 su bardağı Çelik Kesilmiş Yulaf (İngiliz Yulaf)
- 4 çay kaşığı Esmer Şeker

TALİMATLAR:
a) Orta-yüksek ateşte orta boy bir tencerede su ve tuzu birleştirin. Kaynatın. Sürekli karıştırarak yavaş yavaş yulafları ekleyin.
b) Isıyı en aza indirin ve kaynatın. Su emilene ve yulaf kremsi hale gelene kadar yaklaşık 30 dakika sık sık karıştırın. Pişmiş yulafları 4 kaseye bölün. Her yulaf kasesine 1 çay kaşığı esmer şeker serpin.
c) Hemen servis yapın

3.Tam İngiliz Kahvaltısı

İÇİNDEKİLER:
- 2 dilim İngiliz pastırması
- 2 Lorne (kare) sosis
- 2 büyük yumurta
- 1 dilim siyah muhallebi
- 1 beyaz puding dilimi
- 1 domates, ikiye bölünmüş
- Kuru fasulye
- Tost (isteğe bağlı)

TALİMATLAR:
a) Bir tavada İngiliz pastırmasını çıtır çıtır olana kadar pişirin.
b) Lorne sosislerini aynı tavada her iki tarafı da kızarana kadar pişirin.
c) Ayrı bir tavada siyah muhallebi ve beyaz muhallebi dilimlerini iyice ısınana kadar pişirin.
ç) Domates yarımlarını hafifçe yumuşayana kadar ızgarada pişirin veya kızartın.
d) Üçüncü bir tavada yumurtaları dilediğiniz gibi pişirin.
e) Pişen fasulyeleri bir tencerede ısıtın.
f) Tüm malzemeleri bir tabakta servis edin ve istenirse kızarmış ekmekle birlikte tadını çıkarın.

4.İngiliz omleti

İÇİNDEKİLER:

- 6 Küçük yumurta
- 1 Lg. pişmiş patatesler; püre
- Limon suyunu sıkın
- 1 yemek kaşığı kıyılmış frenk soğanı veya yeşil soğan
- Tuz ve biber
- 1 yemek kaşığı Tereyağı

TALİMATLAR:

a) Yumurtaları ayırın ve sarılarını çırpın: patates püresine ekleyin, iyice karıştırın, ardından limon suyu, frenk soğanı, tuz ve karabiberi ekleyin.
b) Omlet tavasında tereyağını eritin.
c) Yumurta aklarını sertleşinceye kadar çırpın ve patates karışımına karıştırın.
ç) Karışımı altın rengi olana kadar pişirin, ardından ızgaranın altına koşup bitirin ve şişirin.
d) Hemen servis yapın.

5.İngiliz Patates Krepleri

İÇİNDEKİLER:
- 1 su bardağı patates püresi
- 2 bardak un
- 1 çay kaşığı Tuz
- 1 Yemek kaşığı kabartma tozu
- 2 Çırpılmış yumurta
- 1 bardak Süt
- 4 yemek kaşığı Hafif mısır şurubu
- 1 yemek kaşığı Hindistan cevizi

TALİMATLAR:

a) Bunların Amerikan krepleri gibi olmasını beklemeyin ama mükemmel bir tada sahipler.

b) Tüm malzemeleri karıştırın. İyice çırpın. Yağlanmış tavada her iki tarafı da kızarıncaya kadar pişirin.

6.Wicklow Krep

İÇİNDEKİLER:
- 4 yumurta
- 600 mililitre Süt
- 4 ons Taze ekmek kırıntıları
- 1 yemek kaşığı Maydanoz, doğranmış
- 1 tutam kıyılmış kekik
- 2 yemek kaşığı kıyılmış frenk soğanı veya yeşil soğan
- 1 x Tuz ve karabiber
- 2 yemek kaşığı Tereyağı

TALİMATLAR:
a) Yumurtaları hafifçe çırpın, ardından sütü, galeta ununu, otları ve baharatları ekleyip iyice karıştırın.

b) 1 yemek kaşığı tereyağını bir tavada köpürene kadar ısıtın, ardından karışımı dökün ve kısık ateşte alt kısmı kahverengi olana kadar pişirin ve üstüne koyun.

c) Bitirmek için ızgaranın altına koyun.

ç) Her porsiyonda bir parça tereyağı ile dilimler halinde kesilmiş olarak servis yapın.

7.Geleneksel İngiliz Kahvaltısı

İÇİNDEKİLER:
- 8 dilim İngiliz Pastırması
- 4 İngiliz sosisi
- 4 dilim Siyah Puding
- 4 dilim Beyaz Puding
- 4 yumurta
- 4 orta boy Domates; Yarıya indirildi
- 4 Soda Farlı
- Tatmak için biber ve tuz

TALİMATLAR:

a) Sosisleri tavaya koyun ve her tarafı kızarana kadar pişirin. Pastırma damlamasında domatesleri puding dilimleriyle birlikte kızartın.

b) Soda ekmeğini damlamaların içinde kızarıncaya kadar ısıtın. Yumurtaları dilediğiniz gibi pişirin ve hazırlanan tüm yiyecekleri sıcak olarak servis edilmek üzere bir tabağa koyun.

c) Tüm etler kızartmak yerine ızgarada pişirilebilir, ancak yumurta ve soda ekmeğinin damlamalarından gelen lezzeti kaybedersiniz.

8.İngiliz Kahvaltı Çörekleri

İÇİNDEKİLER:
- 1½ su bardağı tam buğdaylı hamur işi unu
- ⅓ su bardağı tam buğday unu
- ¾ bardak Buğday kepeği
- 1 çay kaşığı Kabartma tozu
- 2 yemek kaşığı Soya margarini
- 2 yemek kaşığı Mısır şurubu
- 1 bardak patates veya soya sütü

TALİMATLAR:

a) malzemeleri karıştırın. Margarini ekleyip iyice karıştırın. Gevşek bir hamur elde etmek için şurubu ve yeterli sütü ekleyin.

b) Unlu bir tahtanın üzerine çevirin ve pürüzsüz hale gelinceye kadar yoğurun.

c) Yaklaşık yarım santim kalınlığında kare şeklinde açın.

ç) Hamuru önce ikiye, sonra dörde, sonra da sekize bölün.

d) Hafifçe unlanmış bir fırın tepsisinde 400F'de yaklaşık 20 dakika pişirin. Tel raf üzerinde soğutun. Bütün meyve konserveleriyle bölün ve servis yapın.

9.İngiliz Kahvaltısı Sosis

İÇİNDEKİLER:

- beyaz ekmek kırıntıları
- ½ bardak Süt
- 2½ pound Yağsız domuz eti
- 2½ pound Domuz göbeği veya yağlı domuz kıçı, soğutulmuş
- 1 yemek kaşığı Artı
- 2 Çay kaşığı tuz
- 2 çay kaşığı Taze çekilmiş biber
- 2 çay kaşığı Kekik
- 2 yumurta
- 8 Yards hazırlanmış muhafazalar, yaklaşık 4 ons

TALİMATLAR:

a) Orta boy bir kapta ekmek kırıntılarını sütün içine batırın. Eti ve yağı birlikte önce iri, sonra ince ince öğütün. Eti geniş bir kaseye koyun.

b) Tuz, karabiber, kekik, yumurta ve yumuşatılmış ekmek kırıntılarını ekleyin. Ellerinizle iyice karışana kadar iyice karıştırın. Bir seferde sosis dolgusunun yaklaşık dörtte biri ile çalışarak, kasaları gevşek bir şekilde sosis dolgusuyla doldurun. 4 inçlik bağlantılara sıkıştırın ve bükün ve ayırmak için kesin. Kalan sosisleri doldururken buzdolabında saklayın.

c) PİŞİRMEK İÇİN: Kabuklarının patlamasını önlemek için sosislerin her tarafını delin, kalabalıklaşmadan tek bir katmana sığacak kadar sosisleri tavaya yerleştirin. Yaklaşık yarım inç su dökün, kapağını kapatın ve kısık ateşte 20 dakika pişirin. Sıvıyı dökün ve sosisler eşit şekilde kızarana kadar yaklaşık 10 dakika boyunca kapağı açık olarak pişirin. Kağıt havluların üzerine alıp sıcak olarak servis yapın.

10.İngiliz Patates Kutusu

İÇİNDEKİLER:

- 1/2 pound / yaklaşık 3 bardak patates, soyulmuş, pişirilmiş ve hala sıcak
- 1/2 çay kaşığı tuz
- 2 yemek kaşığı tereyağı, eritilmiş
- 1/2 bardak çok amaçlı un

TALİMATLAR:

a) Patatesli kekleri patatesler hala sıcakken yapmak önemlidir: bu, hafif ve lezzetli bir sonuç elde etmenizi sağlar.

b) Patatesleri topak kalmayıncaya kadar iyice ezin veya püre haline getirin.

c) Bir kapta patatesleri tuzla iyice karıştırın; daha sonra eritilmiş tereyağını ekleyin ve tekrar iyice karıştırın. Son olarak hafif ve esnek bir hamur elde etmeye yetecek kadar çalışarak unu ekleyin.

ç) Hamuru hafifçe unlanmış bir yüzeye çevirin ve yaklaşık 9 inç uzunluğunda, 4 inç genişliğinde ve yaklaşık 1/4 inç kalınlığında kabaca dikdörtgen bir şekle getirin. Düzgün bir dikdörtgen elde edene kadar kenarları kesin: ardından dört veya altı üçgen elde edecek şekilde tekrar kesin.

d) Kuru bir ızgarayı veya kızartma tavasını orta sıcaklığa kadar ısıtın. Daha sonra farl üçgenlerini her iki tarafta altın kahverengi olana kadar pişirin. Genellikle bu her iki tarafta yaklaşık beş dakika sürer.

e) Bitmiş patatesli krepleri kurulama bezi/çalama havlusu ile kaplı bir tabağa bir kenara koyun ve hepsi bitene kadar pişirmeye devam edin. Daha sonra havluyu üzerlerine çevirerek üzerini örtün. Onlardan çıkan az miktarda buhar onları yumuşak tutmaya yardımcı olacaktır.

f) Daha sonra İngiliz kahvaltınızı veya Ulster kızartmanızı yapın, farlları yemeğin geri kalanında kullandığınız tereyağı veya sıvı yağda kızartın. Kullanabileceğinizden daha fazla İngiliz patatesli krepiniz varsa, çok iyi donar: önce onu bir Tupperware veya benzeri bir plastik kaba koyun.

11. Acılı Yumurta

İÇİNDEKİLER:

- 12 adet Sert Haşlanmış Yumurta
- 2 dilim konserve sığır eti, doğranmış
- 1/2 bardak Lahana, doğranmış
- 1/2 bardak Mayo
- 2 yemek kaşığı Dijon Hardalı
- Tatmak için tuz
- Garnitür için rendelenmiş havuç
- Süslemek için kıyılmış maydanoz

TALİMATLAR:

a) Sert haşlanmış yumurtaları ikiye bölün. Sarılarını çıkarın ve bir kaseye koyun.
b) Lahanayı yumuşayana kadar 30 saniye ila bir dakika kadar mikrodalgada tutun.
c) Yumurta sarısına mayonez ve Dijon hardalı ekleyin ve yumurta sarısını malzemelerle krema kıvamına gelinceye kadar karıştırmak için bir daldırma blenderi kullanın.
ç) İnce kıyılmış konserve sığır eti ve lahanayı yumurta sarısı karışımına tamamen birleşene kadar karıştırarak ekleyin.
d) Tatmak için tuz.
e) Karışımı yumurta beyazlarının yarısına sıkın
f) Havuç ve maydanozla süsleyin.

12. Yumurta Salatalı Sandviçler

İÇİNDEKİLER:

- 4 dilim sandviç ekmeği
- Ekmeğin üzerine sürmek için 2 ons tereyağı
- 2 adet sert haşlanmış yumurta
- 1 adet Roma domatesi veya 2 adet küçük minyon domates
- İrlanda'da 2 yeşil soğan, yeşil soğan
- 2 yaprak tereyağlı marul
- ⅛ bardak mayonez
- ⅛ çay kaşığı tuz
- ⅛ çay kaşığı biber

TALİMATLAR:

a) Bu sandviçlerin iç malzemesini hazırlayarak başlayın. Domatesleri ikiye bölün, çekirdeklerini ve posasını çıkarın ve atın. Domatesin dış etini ½ cm büyüklüğünde parçalar halinde doğrayın.
b) Yeşil soğanları çok ince dilimleyin.
c) Marul yapraklarını ince ince kıyın ve haşlanmış yumurtaları ezin.
ç) Haşlanmış yumurtayı, doğranmış domatesi, yeşil soğanı, marulu ve mayonezi karıştırın.
d) Dolguyu tuz ve karabiberle tatlandırın.
e) Yumurta salatası sandviç dolgusu için haşlanmış yumurta, yeşil soğan, marul, domates ve mayonez püresi
f) Her bir ekmek dilimini birbirine temas eden, eşleşen taraflara yağlayın.
g) İç malzemeyi ikiye bölün ve iki ekmek diliminin tereyağlı tarafına yayın. Her sandviçin üzerine eşleştirilmiş tereyağlı ekmek dilimi koyun.
ğ) Her sandviçin üst kabuğunu kesin. Her sandviçi çapraz iki çapraz kesimle dilimleyerek dört üçgene bölün.
h) Sandviç tabağına dizin ve sıcak çay ve yanında cips veya patates cipsi ile servis yapın.

13. İskoç Yumurtaları

İÇİNDEKİLER:

- 6 büyük yumurta
- 1 pound (yaklaşık 450g) sosis eti (domuz eti veya domuz eti ve sığır eti karışımı)
- Tatmak için tuz ve karabiber
- Tarama için 1 bardak çok amaçlı un
- 2 büyük yumurta (çırpılmış) (kaplama için)
- 1 bardak ekmek kırıntısı
- Kızartmak için bitkisel yağ

TALİMATLAR:
YUMURTALARI SERT KAYNATIN:
a) Yumurtaları bir tencereye koyun ve üzerini suyla kaplayın.
b) Suyu kaynatın, ardından ısıyı azaltın ve yaklaşık 9-12 dakika pişirin.
c) Haşlandıktan sonra yumurtaları soğuk su altında soğutun ve soyun.

SOSİS KARIŞIMININ HAZIRLANIŞI:
ç) Sosis etini bir kapta tuz ve karabiberle tatlandırın.
d) Sosis etini 6 eşit parçaya bölün.

YUMURTALARI SARIN:
e) Sosis etinin bir kısmını elinizde düzleştirin.
f) Ortasına soyulmuş haşlanmış yumurtayı yerleştirin ve sosis etini yumurtanın çevresine tamamen kaplayacak şekilde şekillendirin.
g) Her sosis kaplı yumurtayı un içinde yuvarlayın ve fazlalığı silkeleyin.
ğ) Unlu sosis kaplı yumurtayı çırpılmış yumurtalara batırın ve eşit bir kaplama sağlayın.
h) Yumurtayı tamamen kaplanıncaya kadar ekmek kırıntılarında yuvarlayın.

İSKOÇ YUMURTALARINI KIZARTIN:
ı) Bitkisel yağı fritözde veya büyük, derin bir tavada 180°C'ye (350°F) ısıtın.
i) Kaplanmış yumurtaları dikkatlice sıcak yağa yerleştirin ve altın rengi kahverengi olana kadar kızartın, eşit pişmesi için ara sıra çevirin.
j) Fazla yağı boşaltmak için çıkarın ve kağıt havluların üzerine yerleştirin.
k) Servis yapmadan önce İskoç yumurtalarının biraz soğumasını bekleyin.
l) Lezzetli sosis ve yumurta merkezini ortaya çıkarmak için bunları ikiye bölün.
m) Yanında hardal, ketçap veya en sevdiğiniz dip sosla servis yapın.

14. Vejetaryen İngiliz Kahvaltısı

İÇİNDEKİLER:

- 4 yumurta
- 1 bardak düğme mantarı, dilimlenmiş
- 2 domates, ikiye bölünmüş
- 2 bardak hash browns (mağazadan satın alınmış veya ev yapımı)
- 1 kutu pişmiş fasulye
- Tatmak için biber ve tuz
- Tereyağı, yemek pişirmek için

TALİMATLAR:

a) Pişen fasulyeleri bir tencerede orta ateşte ısıtın.
b) Bir tavada mantarları tereyağında altın rengi oluncaya kadar soteleyin.
c) Haşlanmış kahverengileri paket talimatlarına göre pişirin.
ç) Ayrı bir tavada ikiye bölünmüş domatesleri hafif yumuşayana kadar pişirin.
d) Yumurtaları tercih ettiğiniz tarzda (kızarmış, çırpılmış veya haşlanmış) hazırlayın.
e) Yumurtaları tuz ve karabiberle tatlandırın.
f) Pişen tüm malzemeleri bir tabağa dizin.
g) Yanında kızarmış ekmek veya ızgara ekmekle servis yapın.

15.Füme Somon ve Avokado Tost

İÇİNDEKİLER:

- 4 dilim tam tahıllı ekmek
- 150 gr füme somon
- 1 olgun avokado, dilimlenmiş
- 4 haşlanmış yumurta
- Süslemek için taze dereotu
- Servis için limon dilimleri
- Tatmak için biber ve tuz

TALİMATLAR:

a) Tam tahıllı ekmek dilimlerini dilediğiniz gibi kızartın.
b) Her tost parçasının üzerine füme somon dilimleri yerleştirin.
c) Üzerine dilimlenmiş avokado serpin.
ç) Yumurtaları istediğiniz pişme seviyesine kadar haşlayın.
d) Her tostun üzerine haşlanmış yumurta koyun.
e) Tuz ve karabiberle tatlandırın.
f) Taze dereotu ile süsleyin.
g) Narenciye dokunuşu için yanında limon dilimleri ile servis yapın.

MEZELER VE ATIŞTIRMALIKLAR

16. Siyah puding

İÇİNDEKİLER:

- 1 kilo domuz karaciğeri
- 1½ pound İşlenmemiş domuz yağı, doğranmış
- 120 sıvı ons Domuz kanı
- 2 kilo ekmek kırıntısı
- 4 ons Yulaf Ezmesi
- 1 Orta boy soğan, doğranmış
- 1 çay kaşığı Tuz
- ½ çay kaşığı Yenibahar
- 1 Sığır eti muhafazası

TALİMATLAR:

a) Karaciğeri tuzlu kaynar suda yumuşayana kadar haşlayın. Karaciğeri çıkarın ve kıyın. Pişirme likörünü rezerve edin. Tüm malzemeleri geniş kapta karıştırın. Harmanlanana kadar iyice karıştırın. Kapları karışımla doldurun. Tek ayaklı halkalar halinde bağlayın. 4-5 saat boyunca buharlayın.

b) Soğuyuncaya kadar bırakın. İsteğe göre yarım santimlik dilimler halinde kesin ve kızgın yağda her iki tarafı da kızarana kadar kızartın.

17. İngiliz Pub Peynir Sosu

İÇİNDEKİLER:
- 14 ons İngiliz çedar peyniri
- 4 ons krem peynir
- 1/2 bardak hafif İngiliz tarzı bira (Harp Lager)
- 1 diş sarımsak
- 1 1/2 çay kaşığı öğütülmüş hardal
- 1 çay kaşığı kırmızı biber

TALİMATLAR:
a) Kaşarı parçalara ayırın ve mutfak robotuna koyun. Çedar'ı küçük parçalara ayırmak için nabız atın.

b) Krem peyniri, birayı, sarımsağı, öğütülmüş hardalı ve kırmızı biberi ekleyin. Tamamen pürüzsüz olana kadar püre haline getirin. Gerekirse kasenin kenarlarını kazıyın ve tekrar püre haline getirin. Pide cipsi, ekmek, kraker, sebze veya elma dilimleri ile servis yapın.

18.İngiliz Kahveli Muffinler

İÇİNDEKİLER:
- 2 bardak un
- 1 yemek kaşığı Kabartma tozu
- ½ çay kaşığı Tuz
- ½ bardak) şeker
- 1 Yumurta, dövülmüş
- ⅓ bardak tereyağı, eritilmiş
- ½ fincan Ağır krema, çırpılmamış
- ¼ fincan İngiliz viskisi
- ¼ bardak Kahve likörü

TALİMATLAR:
a) Fırını 400 F'ye önceden ısıtın.
b) İlk 4 malzemeyi eleyin birlikte.
c) malzemeleri nemlendirilinceye kadar karıştırın .
ç) Kağıt kaplı muffin kalıplarını doldurun ve yaklaşık 20 dakika pişirin.

19.Reuben Tepeli İngiliz Nachos

İÇİNDEKİLER:

BİN ADALAR SÜSLEMESİ:
- 2 1/2 yemek kaşığı yağsız sade Yunan yoğurdu
- 1 1/2 yemek kaşığı ketçap
- 2 çay kaşığı tatlı turşu çeşnisi
- 3/4 çay kaşığı beyaz sirke
- 1/4 çay kaşığı acı sos
- 1/8 çay kaşığı sarımsak tozu
- 1/8 çay kaşığı soğan tozu
- 1/8 çay kaşığı koşer tuzu

PATATES:
- 1 1/2 pound rus patates, temizlenmiş
- 1 yemek kaşığı sızma zeytinyağı
- 3/4 çay kaşığı sarımsak tozu
- 3/4 çay kaşığı soğan tozu
- 3/4 çay kaşığı koşer tuzu
- 1/8 çay kaşığı karabiber

REUBEN TOPLAM:
- 3 ons ekstra yağsız şarküteri konservesi sığır eti, doğranmış
- 1 bardak rendelenmiş, yağı azaltılmış İsviçre peyniri
- 1/4 - 1/3 bardak lahana turşusu, süzülmüş
- süslemek için ince kıyılmış maydanoz (istenirse)

TALİMATLAR:
a) Fırını 475°F'ye önceden ısıtın.

b) Orta boy bir kapta pansuman malzemelerini birleştirin Yunan yoğurdu, ketçap, çeşni, sirke, acı sos, 1/8 çay kaşığı sarımsak tozu, 1/8 çay kaşığı soğan tozu ve 1/8 çay kaşığı koşer tuzu. İhtiyaç duyulana kadar örtün ve soğutun (yaklaşık iki gün öncesine kadar yapılabilir).

c) Patatesleri 1/8 inç kalınlığında dilimler halinde eşit şekilde kesin. (İsterseniz bunun için mandolin kullanabilirsiniz, ancak ben şef bıçağı kullanıyorum. Her iki durumda da önemli olan onları çok düzgün bir şekilde kesmek ve böylece eşit şekilde pişmelerini sağlamaktır.)

ç) Büyük bir kapta, patates dilimlerini eşit şekilde kaplanana kadar zeytinyağıyla karıştırın. Patateslerin üzerine 3/4 çay kaşığı sarımsak tozu, 3/4 çay kaşığı soğan tozu, 3/4 çay kaşığı kaşar tuzu ve karabiber serpin. Baharatların eşit şekilde dağıldığından emin olmak için tekrar atın. Bunu karıştırma kaşığı yerine elinizle yapmanın daha kolay olduğunu görebilirsiniz.

d) Patates dilimlerini parşömen kaplı iki fırın tepsisine yerleştirin, dağıtın ve birbirine değmediğinden veya üst üste gelmediğinden emin olun.

e) Patates dilimlerini 12-14 dakika pişirin. Patates dilimleriniz 1/8 inç'e kadar kesilmemişse veya kalınlıkları eşit değilse tam pişirme süreleri değişebilir. Bunları periyodik olarak kontrol edin: alt kısmında sıcak, kızarmış, kızarık bir renk mi arıyorsunuz? Dilimlerin var ama yanmasını istemiyorsun.

f) Tüm dilimleri dikkatlice ters çevirin ve ikinci tarafta yaklaşık 5-8 dakika daha pişirmeye devam edin, yine periyodik olarak pişip pişmediğini kontrol edin. Dilimlerinizden bazıları diğerlerine göre daha ince ise daha çabuk hazır olabilir ve diğer dilimler pişmeye devam ederken onları bir tabağa çıkarmak isteyebilirsiniz.

g) Patatesleriniz piştiğinde, onları bir fırın tepsisinin ortasına bir yığın halinde toplayın ve konserve sığır eti, peynir ve lahana turşusuyla yaptığınız gibi üst üste koyun. Üst malzemelerinin ısınmasını ve peynirin erimesini sağlamak için nachos'u yaklaşık 5 dakika daha fırına döndürün.

ğ) İstenirse nachos'ları maydanozla süsleyin ve Bin Ada Sosu ile servis yapın. (Sosu üstüne gezdirebilir, yanında servis edebilirsiniz veya her ikisini birden yapabilirsiniz.)

20. Guinness Konserve Sığır Kaydırıcıları

İÇİNDEKİLER:

- 4 kiloluk konserve dana göğüs eti, baharat paketiyle birlikte
- 1 su bardağı dondurulmuş arpacık soğan veya beyaz kazan soğanı (kesilmiş ve soyulmuş)
- 4 diş sarımsak
- İsteğe bağlı: 1-2 defne yaprağı
- 2 1/2 su bardağı su
- 11,2 ons Guinness fıçı birası (1 şişe)
- 12 Hawaii böreği
- 1 paket lahana salatası karışımı
- 2-3 yemek kaşığı taze dereotu, doğranmış
- Arzuya göre üzerine sürmek için Dijon hardalı
- İsteğe bağlı: yaymak için mayonez
- Bebek Kosher dereotu turşusu (bütün)

TALİMATLAR:

a) Düdüklü tencerenin iç çelik tenceresine soğan ve sarımsakları ekleyin. Üstüne tel raf ekleyin. Guinness birasını ve suyu tencereye dökün. Konserve sığır göğüs etini, yağ kapağı aşağıya bakacak şekilde metal rafa yerleştirin. Etin üzerine baharatları serpin. İstenirse 1-2 defne yaprağı ekleyin. Maşa kullanarak, yağ kapağı yukarı bakacak şekilde sığır eti çevirin.

b) Düdüklü tencerenin kapağını dikkatlice açın. Eti tutan metal tepsiyi kaldırın. Konserve sığır etini bir tabağa aktarın. Defne yapraklarını, soğanları ve katıları çıkarın. Sıvıyı süzün. Kurumasını önlemek için etin üzerine serpmek gerekirse diye bir bardak ayırın.

c) Sığır etini damarlara karşı ince ince dilimleyin.

ç) Hawaii rulolarını yatay olarak ikiye bölün.

d) Her rulonun alt yarısına bir kat hardal sürün. İstenirse, çöreklerin üst yarısına biraz mayonez sürün.

e) Alt çöreğe 2-3 dilim konserve dana eti koyun. Eti taze doğranmış dereotu serpin. Her birine 1/4 bardak lahana salatası ekleyin.

f) Hawaii rulolarının üst yarısını kaydırıcıların üzerine yerleştirin.

g) Her bir sığır eti kaydırıcısını bebek dereotu turşusu ile süsleyin. Her şeyi bir arada tutmaya yardımcı olmak için parti sandviçlerinin ortasından ahşap parti seçtiklerini delin.

21. Guinness Sırlanmış Köfte

İÇİNDEKİLER:
KÖFTELER
- 1 lb. öğütülmüş hindi veya sığır eti
- 1 c. Panko ekmek kırıntıları
- 1/4 c. Guinness
- 1/4 c. doğranmış soğan
- 1 yumurta, hafifçe çırpılmış
- 1 çay kaşığı. tuz
- 1/8 çay kaşığı. biber

GUINNESS SOS
- 2 şişe Guinness
- 1/2 c. ketçap
- 1/4 c. Bal
- 2 yemek kaşığı. Şeker kamışı
- 2 çay kaşığı. Dijon hardalı
- 2 çay kaşığı. kurutulmuş kıyılmış soğan
- 1 çay kaşığı. sarımsak tozu
- 4 çay kaşığı. Mısır nişastası

TALİMATLAR:
a) Köfte için: Tüm malzemeleri orta boy bir karıştırma kabında birleştirin. İyice karıştırın.
b) 1 1/2 inçlik toplar haline getirin (küçük bir kurabiye kepçesi kullandım) ve alüminyum folyo ile kaplı ve yapışmaz sprey püskürtülmüş kenarlı bir fırın tepsisine yerleştirin.
c) 350°'de 20-25 dakika pişirin.
ç) Sos için: Mısır nişastası hariç tüm malzemeleri orta boy bir tencerede birleştirin. Hızla çıkarmak.
d) Ara sıra karıştırarak kaynatın.
e) Kaynamaya başlayınca ısıyı azaltın ve 20 dakika pişirin.
f) Mısır nişastasını çırpın ve 5 dakika veya koyulaşana kadar kaynatmaya devam edin.
g) Köfteleri sosa ekleyin.

22.İngiliz Pub Börekleri

İÇİNDEKİLER:
- 1 soğan
- 1/3 baş lahana
- 4 küçük havuç
- 8 küçük kırmızı patates
- 4 yeşil soğan
- 1 pırasa
- 4 yemek kaşığı tereyağı
- 3 yumurta
- 1 yemek kaşığı kahverengi hardal
- 1/2 çay kaşığı kekik
- 1/4 çay kaşığı biber
- 1/2 çay kaşığı tuz
- 1/4 çay kaşığı öğütülmüş hardal
- 1 8 onsluk paket rendelenmiş mozzarella peyniri
- 4 ons rendelenmiş parmesan peyniri
- 5 adet buzdolabında haddelenmiş pasta kabuğu
- İsteğe göre 1 kiloluk kıyma

TALİMATLAR:

a) Kıyma kullanıyorsanız, sığır etini büyük bir tavada kızartın, ardından süzün, tavadan çıkarın ve bir kenara koyun. Soğanı, havuçları ve patatesleri küp küp doğrayın. Lahanayı küçük parçalar halinde doğrayın. Pırasa ve yeşil soğanları ince ince dilimleyin

b) Büyük bir tavada 4 yemek kaşığı tereyağını orta ateşte ısıtın. Soğanları, yeşil soğanları ve pırasayı yumuşayana kadar yaklaşık 6 dakika soteleyin. Lahana, havuç ve patates ekleyin. Orta ateşte 5 dakika daha pişirmeye devam edin.

c) Isıyı en aza indirin; örtün ve 15 dakika boyunca buharlayın. Ateşten alın. Bu arada, pasta kabuklarını buzdolabından çıkarın ve fırını 375 dereceye kadar önceden ısıtın.

ç) Geniş bir kapta 3 yumurta, hardal ve baharatları çırpın . 1 yemek kaşığı yumurta karışımını çıkarın ve 1 yemek kaşığı su ile çırpın; bir kenara koyun. Yumurta karışımına sebzeleri, sığır eti ve peyniri ekleyin ve iyice karıştırın.

d) Pasta kabuklarını açın ve pizza kesiciyi kullanarak dörde bölün.

e) Hamur işleri yapmak için, kabuğun bir dilimini parşömen kağıdıyla kaplı kurabiye kağıdına yerleştirin. Sebze karışımından bir kepçeyi bir dilimin ortasına yerleştirin, ardından ikinci bir dilimle örtün.

f) Kenarlarını çatalla bastırarak kapatın ve ardından yumurta ve su karışımıyla fırçalayın. Yaklaşık 20 dakika veya kabuk altın rengi kahverengi olana kadar pişirin.

23. İngiliz Sosis Ruloları

İÇİNDEKİLER:
- 3 adet puf böreği yaprağı
- Hamurun üzerine sürmek için çırpılmış 1 yumurta
- Sosis Et Doldurma
- 1 pound kıyma domuz eti
- 1 çay kaşığı kurutulmuş kekik
- ½ çay kaşığı kurutulmuş mercanköşk
- ½ çay kaşığı kurutulmuş fesleğen
- ½ çay kaşığı kurutulmuş biberiye yaprağı
- 1 çay kaşığı kurutulmuş maydanoz
- ½ çay kaşığı kurutulmuş adaçayı
- ⅛ çay kaşığı tuz
- ⅛ çay kaşığı karabiber
- 1 bardak ekmek kırıntısı
- 1 diş sarımsak kıyılmış
- 1 yumurta çırpılmış
- ¼ çay kaşığı kurutulmuş rezene isteğe bağlı

TALİMATLAR:

a) Baharatları, tuzu ve karabiberi bir kahve değirmeni içinde öğütün.

b) Geniş bir karıştırma kabındaki ekmek kırıntılarına öğütülmüş baharatları ve kıyılmış sarımsağı ekleyin ve karıştırın.

c) Kıyılmış domuz etini terbiyeli ekmek kırıntılarına ekleyin ve parmaklarınızı kullanarak birleştirin. Çırpılmış yumurtanın yarısını ekleyin ve et karışımı birbirine yapışmaya başlayana kadar iyice karıştırın. Fazla yumurtayı atın.

ç) Ellerinizi kullanarak sosisleri yuvarlayın ve yaklaşık ¾ inç kalınlığında ve 10 inç uzunluğunda 4 silindirik şekil oluşturun. Eti bir kenara koyun.

d) Fırını önceden 400 derece F'ye ısıtın. Büyük bir fırın tepsisini parşömen kağıdıyla kaplayın.

e) Unlu bir yüzeyde çözülmüş bir puf böreği tabakasını açın. Yaklaşık 3 inç genişliğinde ve 10 inç uzunluğunda 3 şerit halinde kesin.

f) Önceden şekillendirilmiş sosis etinden 3 inçlik bir parçayı hamurun üzerine kenara yakın bir yere yerleştirin. Hamuru etin etrafında, alttan bir inç üst üste gelecek şekilde yuvarlayın.

g) Hamur rulosunu kesin, ardından alt tabakayı yumurta akı ile fırçalamak için geri yuvarlayın. Alt dikişi yeniden yuvarlayın ve kapatın.

ğ) Keskin bir bıçak kullanarak rulonun üst yüzeyinde iki adet çapraz ½ inçlik yarık kesin. 18 sosis rulosu oluşturmak için işlemi tekrarlayın.

h) Hazırlanan sosis rulolarını fırın tepsisine sıralar halinde ve bir inç aralıklarla yerleştirin. Hamurun üstünü yumurta akı ile fırçalayın.

ı) 20 dakika boyunca 400 derece F fırında pişirin. Isıyı 350 dereceye düşürün ve 5 dakika daha pişirin.

i) Üstü altın rengi olunca fırından çıkarın. Sosis rulolarını tel ızgara üzerinde soğutun.

ÇÖRF VE EKMEK

24. Tuzlu Peynirli Çörekler

İÇİNDEKİLER:
- 225g Sade un
- 2 Seviye çay kaşığı kabartma tozu
- Tutam tuzu
- ¼ Çay kaşığı hardal
- 50g Tereyağı
- 75g Rendelenmiş Kaşar
- 1 büyük yumurta
- 4 yemek kaşığı Kremalı süt
- Sırlama için ekstra süt

TALİMATLAR:

a) Fırını önceden 220° C'ye ısıtın. Unu, kabartma tozunu, tuzu ve hardalı birlikte eleyin. Karışım ince ekmek kırıntılarına benzeyene kadar tereyağını sürün. Rendelenmiş peyniri karıştırın.

b) Yumurtayı çırpın ve sütü ekleyin. Kuru malzemelerin ortasına bir havuz açın ve sıvıyı birleştirin. Unlanmış bir tahtaya çevirin. Hafifçe yoğurun ve hamur kesiciyle yuvarlaklar halinde kesin. Yağlanmış fırın tepsisine dizin.

c) Üzerine yumurta ve süt karışımını sürün ve 12-15 dakika, altın rengi oluncaya ve tamamen pişene kadar pişirin.

25. İngiliz Sodalı Ekmek

İÇİNDEKİLER:

- 12 oz/340g tam buğday veya beyaz sade un
- 1/2 çay kaşığı tuz
- 1/2 çay kaşığı sodyum bikarbonat
- 1/2 bardak ayran

TALİMATLAR:

a) Tüm kuru malzemelerinizi karıştırın ve ardından kuru malzemeleri eleyin. hava eklemek için. Daha sonra kuru karışımın ortasını havuz şeklinde açıp ayranın yarısını ekleyin ve yavaşça karıştırın. Ayranın geri kalanını ekleyin ve birleştirmek için hafifçe yoğurun.

b) Tam buğday unu kullandığınızda karışım kuru ve ağır görünüyorsa biraz daha ayran ekleyin. Elinize yapışacaktır dikkat edin.

c) Hamuru unlanmış tezgaha alın ve yavaşça bir araya getirerek yuvarlak yapın ve ardından bunu bir fırın tepsisine aktarın. "Perileri dışarı çıkarmak" için ekmeğin üst kısmına oldukça derin bir haç kesin ve ardından 40 ila 45 dakika fırına koyun. Ekmeğin pişip pişmediğini kontrol etmek için alt kısmına hafifçe vurun, içi boş geliyorsa hazır demektir.

ç) Her türlü ekleyebilirsiniz Sodalı ekmek karışımınızın malzemeleri, peynir ve soğan, domuz pastırması parçaları, kuru üzüm gibi meyveler, kurutulmuş kızılcık ve yaban mersini, fındık, tohumlar, tatlı veya tuzlu bir ekmek oluşturmak için istediğiniz hemen hemen her şey.

26. İngiliz Buğday Ekmeği

İÇİNDEKİLER:

- 500 gr (1 lb 2 oz) kaba kepekli un
- 125 g (4 1/2oz) sade un, ayrıca toz almak için ekstra
- 1 çay kaşığı kabartma tozu
- 1 çay kaşığı tuz
- 600 ml (1 pint) ayran, ayrıca gerekirse biraz daha fazla
- 1 yemek kaşığı açık kahverengi şeker
- 1 yemek kaşığı eritilmiş tereyağı ve ayrıca tavayı yağlamak için ekstra
- 2 yemek kaşığı altın şurup

TALİMATLAR:

a) Fırını önceden 200°C - 400°F'ye ısıtın ve 2 adet somun kalıbını yağlayın.

b) Büyük bir kase alın ve unları kabartma tozu ve tuzla birlikte kaseye eleyin. Bu kuru karışımın ortasına küçük bir çukur açarak ayran, esmer şeker, eritilmiş tereyağı ve altın şurubu ekleyin.

c) Tüm malzemeler birleştirilene kadar bunu yavaşça karıştırın. Daha sonra karışımı kalıplara paylaştırın ve dilediğiniz malzemeleri üzerine serpin.

ç) Bunu yaklaşık bir saat pişirin, yarıya kadar tavaların çevrilmesine gerek olmadığını veya somunların çok fazla kızarmadığını kontrol edin. Eğer öyleyse, ısıyı biraz azaltın.

d) Pişip pişmediğini kontrol etmek için kalıptan çıkarın ve ekmeğin tabanına hafifçe vurun, içi boş geliyorsa hazır demektir. Hazırsanız soğutma rafına yerleştirin. Soğuyunca bol tereyağı ile servis yapın.

27.İngilizce Veya Dublin Şımartmak

İÇİNDEKİLER:

- 1 yemek kaşığı bitkisel yağ
- 450 gr sosis
- 200 gr pastırma, şeritler halinde kesilmiş
- 1 soğan, doğranmış
- 2 havuç, dilimlenmiş
- 1 kg veya 2,5 lb patates, soyulmuş ve dilimlenmiş
- Taze çekilmiş karabiber
- 500 ml tavuk suyu, sıcak suda eritilmiş et suyu küpü kullanabilirsiniz
- 1 defne yaprağı

TALİMATLAR:

a) Fırını 170°C veya 325°F'ye önceden ısıtarak ısıtın. O ısınırken bir tavada yağı ısıtın ve sosislerinizi kızartın. Pastırmayı kızartılmış sosislere ekleyin ve 2 dakika pişirin.

b) Sosislerin ve pastırmanın yarısını bir güveç kabının dibine koyun, ardından soğanların, havuçların ve patateslerin yarısını ekleyin. Bu katmanı tuz ve karabiberle tatlandırın. Daha sonra geri kalan sosisler, domuz pastırması ve sebzelerle bunun üzerine başka bir katman oluşturun, bu katmanı da baharatlamayı unutmayın.

c) Baharatlandıktan sonra ısıtılmış et suyunu tüm güvecin üzerine dökün ve defne yaprağını ekleyin. Kapağı kapatın ve 2 saat pişirin, ardından kapağı çıkarın ve 30 dakika daha pişirin.

ç) Yaklaşık 5 dakika kadar fırında bekletin, dilerseniz üzerine maydanoz serpip servis yapın.

28. Ekşi Kremalı İngiliz Ekmeği

İÇİNDEKİLER:

- 2½ bardak Elenmiş çok amaçlı un
- 2 çay kaşığı kabartma tozu
- 1 çay kaşığı Tuz
- ½ çay kaşığı Kabartma tozu
- ¼ fincan Kısaltma
- ½ bardak) şeker
- 1 yumurta; dövülmüş
- 1½ su bardağı kremamız
- 1 su bardağı kuru üzüm
- ½ bardak kuş üzümü

TALİMATLAR:

a) Fırını 375 dereceye kadar önceden ısıtın. Unu, kabartma tozunu, tuzu ve sodayı bir kaseye eleyin. Bir kenara koyun.

b) Hafif ve kabarık olana kadar krema ve şekeri kremalayın.

c) Yumurta ve ekşi krema ekleyin. İyice karıştırın. Un karışımına karıştırın.

ç) İyice karışana kadar karıştırın. Kuru üzüm ve kuş üzümlerini katlayın. Yağlanmış 2 litrelik bir güvece kaşıkla dökün. 50 dakika pişirin.

d) Alüminyum folyo ile örtün ve 10 dakika daha uzun süre veya pişene kadar pişirin.

29.İngiliz Çiftlik Evi Somunu

İÇİNDEKİLER:

- 8 ons Un
- 4 ons Şeker
- 8 ons Karışık kurutulmuş meyve
- ½ adet rendelenmiş limon kabuğu
- 2 yemek kaşığı Tereyağı
- ½ çay kaşığı Tuz
- 2 çay kaşığı kabartma tozu
- 1 tutam Kabartma tozu
- Her biri 1 Yumurta, dövülmüş
- 1¼ bardak Ayran

TALİMATLAR:

a) Un, şeker, meyve, limon kabuğu, tereyağı, kabartma tozu ve sodayı karıştırın.

b) Güzel, yumuşak bir hamur elde etmek için çırpılmış yumurtayı ve ayranı ekleyin; iyice çırpın ve yağlanmış 2 kiloluk somun tepsisine dökün.

c) 1 saat boyunca 300 F'de veya bir şişle test edilene kadar pişirin.

30.Yulaf Ezmeli Ekmek

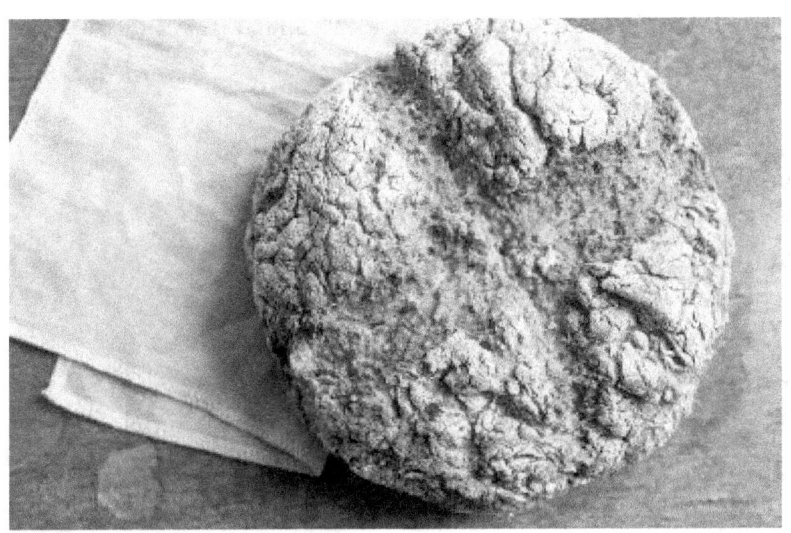

İÇİNDEKİLER:
- 1 1/4 su bardağı çok amaçlı un; 1'e kadar bölünmüş
- 2 yemek kaşığı Koyu kahverengi şeker; sıkıca paketlenmiş
- 1 çay kaşığı Kabartma tozu
- 1 çay kaşığı Kabartma tozu
- ½ çay kaşığı Tuz
- 2 yemek kaşığı Tereyağı; yumuşatılmış
- 2 su bardağı taşla öğütülmüş tam buğday unu
- 6 yemek kaşığı yulaf ezmesi
- 1½ bardak Ayran
- 1 Yumurta akı; cam için
- 2 yemek kaşığı Ezilmiş yulaf ezmesi; yağmurlama için

TALİMATLAR:

a) 1 su bardağı unu, esmer şekeri, kabartma tozunu, kabartma tozunu ve tuzu geniş bir karıştırma kabında birlikte çırpın. Şekeri eşit şekilde dağıtmak için karışımı parmak uçlarınız arasında ovalayın.

b) Karışım ince kırıntılara benzeyene kadar tereyağını bir hamur karıştırıcısı veya iki bıçakla karışıma kesin.

c) Tam buğday unu ve yulafı ekleyip karıştırın. Karışımın ortasını havuz gibi açın ve yavaş yavaş ayranı ekleyin, karışım iyice nemlenene kadar hafifçe karıştırın. Kalan ¼ su bardağı unu azar azar kullanarak hamuru hafifçe tozlayın ve bir top haline getirin. Gerektikçe un ekleyerek, hamur pürüzsüz ve esnek hale gelinceye kadar yaklaşık 6-8 kez hafifçe yoğurun.

ç) Fırını 375 dereceye ısıtın ve büyük bir fırın tepsisini hafifçe yağlayın. Hamuru pürüzsüz yuvarlak bir top haline getirin ve hazırlanan fırın tepsisinin ortasına yerleştirin. Topu 7 inçlik kalın bir diske yavaşça bastırın. Keskin bir bıçak kullanarak hamurun üzerine büyük bir haç şeklinde kesin. Yumurta beyazını köpürene kadar hafifçe çırpın ve hafifçe ama eşit bir şekilde somunun üzerine fırçayla sürün. Yumurta beyazının tamamını kullanmanıza gerek kalmayacak.

d) Yulaf ezmesini bir mutfak robotunda veya blenderde kabaca doğrayın ve yumurta akı sırının üzerine eşit şekilde serpin.

e) Önceden ısıtılmış fırının ortasında 40-45 dakika veya somun güzelce kızarana ve vurulduğunda içi boş ses çıkana kadar pişirin. Somunu soğutmak için hemen bir rafa çıkarın.

31.İngiliz Yoğurtlu Ekmek

İÇİNDEKİLER:

- 4 su bardağı Un
- ¾ çay kaşığı Kabartma tozu
- 3 çay kaşığı Kabartma tozu
- 1 çay kaşığı Tuz
- 1 su bardağı kuş üzümü
- 2 yemek kaşığı Kimyon tohumu
- 2 yumurta
- 1 su bardağı sade az yağlı yoğurt; karışık

TALİMATLAR:

a) Kuru malzemeleri birlikte karıştırın. Kuş üzümü ve kimyon tohumlarını ekleyin; Yumurta ekleyin.

b) Yoğurt ve su karışımını ekleyin ve yapışkan bir hamur oluşana kadar karıştırın.

c) İyice unlanmış bir yüzeyde 1 dakika yoğurun, sonra top haline getirin ve iyice yağlanmış yuvarlak bir güvece yerleştirin.

ç) Keskin bir bıçakla ortasına bir çarpı işareti koyun ve ekmeği güveçten çıkarmadan önce 350 fırında 1 saat 15 dakika pişirin, ardından tel ızgara üzerinde soğumaya bırakın. Servis etmek için ince dilimleyin.

d) İyi donar ve en iyisi pişirildikten sonraki gün olur

32. Tam Buğday Sodalı Ekmek

İÇİNDEKİLER:

- 3 su bardağı un, tam buğday
- 1 bardak Un, çok amaçlı
- 1 yemek kaşığı Tuz
- 1 çay kaşığı Kabartma tozu
- ¾ çay kaşığı Kabartma tozu
- 1½ bardak Ayran, yoğurt veya limon suyuyla ekşitilmiş süt

TALİMATLAR:

a) Kuru malzemeleri birleştirin ve soda ile kabartma tozunu dağıtmak için iyice karıştırın, ardından yumuşak ama şeklini koruyacak kadar sert bir hamur elde etmek için yeterli miktarda ayran ekleyin.

b) Hafifçe unlanmış bir tahta üzerinde 2 veya 3 dakika, pürüzsüz ve kadifemsi bir kıvam alana kadar yoğurun. Yuvarlak bir somun haline getirin ve iyice tereyağlanmış 8 inçlik bir kek kalıbına veya iyice tereyağlanmış bir kurabiye kağıdına yerleştirin.

c) Çok keskin, unlu bir bıçakla somunun üstüne bir çarpı işareti kesin.

ç) Önceden ısıtılmış 375F fırında 35-40 dakika veya somun güzelce kızarana ve parmak eklemleriyle vurulduğunda içi boş bir ses çıkana kadar pişirin.

33.İngiliz Bira Ekmeği

İÇİNDEKİLER:

- 3 su bardağı Kendiliğinden kabaran un
- ⅓ bardak Şeker
- 1 Şişe İngiliz birası

TALİMATLAR:

a) Malzemeleri kasede karıştırın.
b) Yağlanmış kek kalıbına hamuru dökün ve 350 derecede bir saat pişirin.
c) Sıcak servis yapın.

34. İngiliz Barmbrack Ekmeği

İÇİNDEKİLER:
- 1⅛ bardak Su
- 3 su bardağı Ekmek unu
- 3 çay kaşığı Gluten
- 1½ çay kaşığı Tuz
- 3 yemek kaşığı Şeker
- ¾ çay kaşığı Kurutulmuş limon kabuğu
- ¾ çay kaşığı öğütülmüş yenibahar
- 1½ yemek kaşığı Tereyağı
- 2 yemek kaşığı Kuru süt
- 2 çay kaşığı Red Star Aktif Kuru Maya
- ¾ bardak kuru üzüm

TALİMATLAR:
a) talimatlarına göre ekmek tavasına koyun .

b) Bu, yoğun, orta boy bir somun (6-7 inç boyunda) yapar. Daha kabarık ve uzun bir somun için mayayı 2 ½ çay kaşığına yükseltin.

c) Malzemeleri oda sıcaklığında bulundurun . Gerekirse su ve tereyağını mikrodalgada 50-60 saniye yüksek sıcaklıkta ısıtın.

ç) İlk döngüden 4 dakika sonra ¼ fincan kuru üzüm ekleyin.

d) Dinlenme süresinden hemen sonra ve ikinci yoğurma başlarken kalan kuru üzümleri ekleyin.

35.İngiliz Çil Ekmeği

İÇİNDEKİLER:
- 2 Somun
- Her biri 4¾ 5 3/4 su bardağı elenmemiş un
- ½ bardak) şeker
- 1 çay kaşığı Tuz
- 2 Paket kuru maya
- 1 su bardağı patates suyu
- ½ su bardağı Margarin
- 2 Yumurta, oda sıcaklığında
- ¼ bardak patates püresi, oda sıcaklığında
- 1 su bardağı çekirdeksiz kuru üzüm

TALİMATLAR:
a) Büyük bir kapta 1½ su bardağı un, şeker, tuz ve çözünmemiş mayayı iyice karıştırın. Patates suyunu ve margarini tencerede birleştirin.

b) Sıvı ısınana kadar kısık ateşte ısıtın - margarinin erimesine gerek yoktur. Yavaş yavaş kuru malzemeleri ekleyin ve elektrikli mikserle, ara sıra kaseyi kazıyarak orta hızda 2 dakika çırpın. Yumurta, patates ve ½ su bardağı un veya kalın bir hamur elde etmeye yetecek kadar un ekleyin. Yumuşak bir hamur elde etmek için kuru üzümleri ve yeterli miktarda ilave unu karıştırın.

c) Unlanmış tahtaya çıkın. Pürüzsüz ve elastik hale gelinceye kadar yaklaşık 10 dakika yoğurun. Yağlanmış kaseye yerleştirin, hamuru yağlayın.

ç) Üzerini örtün ve hacim olarak iki katına çıkana kadar mayalanmaya bırakın. Hamuru aşağı doğru bastırın. Hafifçe unlanmış tahtaya çıkın.

d) Hamuru 4 eşit parçaya bölün. Her parçayı yaklaşık 8 ½ inç uzunluğunda ince bir somun haline getirin. Yağlanmış 8 ½ x 4 ½ x 2 ½ inçlik somun tavalarının her birine 2 somunu yan yana koyun. Kapak. Sıcak bir yerde, hava akımından arındırılmış olarak hacim olarak iki katına çıkana kadar mayalanmaya bırakın.

e) Önceden ısıtılmış 375 F fırında 35 dakika veya pişene kadar pişirin. Tavalardan çıkarın ve tel rafların üzerinde soğutun. Colorado Cache Yemek Kitabı (1978) Jim Vorheis'in koleksiyonundan

36. Baharatlı Ekmek

İÇİNDEKİLER:

- 10 ons Un
- 2 çay kaşığı kabartma tozu
- ½ çay kaşığı Kabartma tozu
- 1 çay kaşığı Karışık baharat
- ½ çay kaşığı Öğütülmüş zencefil
- 4 ons Açık kahverengi şeker
- 2 ons Kıyılmış şekerlenmiş kabuğu
- 6 ons Kuru Üzüm, sade veya altın
- 4 ons Tereyağı
- 6 ons Altın şurubu
- 1 büyük Yumurta, dövülmüş
- 4 yemek kaşığı Süt

TALİMATLAR:

a) Unu soda ve kabartma tozuyla, karışık baharat ve zencefille birlikte eleyin: ardından esmer şekeri, doğranmış kabuğu ve kuru üzümleri ekleyin: karıştırın.

b) Merkezde bir kuyu yap. Tereyağını şurupla birlikte kısık ateşte eritin, ardından karışımın içindeki kuyuya dökün. Çırpılmış yumurtayı ve sütü ekleyip iyice karıştırın. Yağlanmış 2 lb'lik somun tepsisine dökün ve önceden ısıtılmış fırında 325 F'de 40-50 dakika veya testler bitene kadar pişirin. Bu ekmek birkaç gün boyunca nemli kalacak ve bu süre zarfında aslında biraz iyileşecektir.

ANA DİL

37. İngilizce Şampiyonu

İÇİNDEKİLER:

- 5 adet iyi boy patates
- 1 su bardağı yeşil soğan
- 1 su bardağı süt, tercihen tam yağlı süt
- 55 gram tuzlu tereyağı
- tuz (tadına göre)
- beyaz biber (tadına göre)

TALİMATLAR:

a) Tencereyi patateslerle doldurun ve içinde bir çay kaşığı tuz bulunan suyla kaplayın. Patatesleri pişene kadar pişirin, pişirme süresini hızlandırmak için patatesleri daha küçük parçalara ayırın.

b) Patatesler haşlanırken yeşil soğanları ince ince doğrayın. Yeşil kısmı beyazdan ayrı tutun.

c) Suyu patateslerden boşaltın ve tüm suyun çıkarıldığından emin olun. Daha sonra tencereye tereyağı ve sütü ekleyip patatesleri hafifçe ezin. Püre haline getirildikten sonra soğanın beyaz kısımlarını karıştırın ve ardından tuz ve beyaz biberle tatlandırın. Servis için Champ'ın tamamını bir kaseye çıkarın.

ç) Servis yapmadan önce üzerine doğranmış yeşil soğanları serpin ve afiyetle yiyin.

38. Lahana veya Lahana ile Colcannon

İÇİNDEKİLER:

- 1 kg/ 2,5 lbs patates, soyulmuş
- 250 gr/1/2 lb kıyılmış lahana veya kıvırcık lahana, iyice yıkanmış ve ince dilimlenmiş, kalın sapları atın
- 100 ml/1 su bardağı + 1 yemek kaşığı süt
- 100 gr/1 su bardağı + 2 yemek kaşığı tereyağı
- Tuz ve taze çekilmiş karabiber

TALİMATLAR:

a) Soyulmuş patatesleri bir tencereye koyun ve üzerini bir çay kaşığı tuzla suyla kaplayın. Kaynatın ve yumuşayana kadar pişirin.

b) Patatesler pişerken lahanayı veya lahanayı pişirin. 1 yemek kaşığı tereyağını ağır bir tavaya koyun ve köpürene kadar eritin. Kıyılmış karalahanayı veya lahanayı bir tutam tuzla ekleyin. Kapağı tavaya yerleştirin ve yüksek ateşte 1 dakika pişirin.

c) Sebzeleri karıştırın ve bir dakika daha pişirin, ardından sıvıyı boşaltın ve tuz ve karabiberle tatlandırın.

ç) Patatesleri süzün ve biraz süt ve 1 yemek kaşığı tereyağıyla ezin, ardından karalahana veya lahanayı ekleyip karıştırın ve tuz ve karabiberle tatlandırın.

39. Tavuklu ve Pırasalı Turta

İÇİNDEKİLER:

- 6 ons Shortcrust böreği
- 1 Tavuk, yaklaşık 4 lb
- 4 dilim jambon biftek
- 4 Büyük pırasa, temizlenmiş/doğranmış
- 1 soğan
- Tuz ve biber
- 1 tutam Öğütülmüş topuz veya hindistan cevizi
- 300 mililitre Tavuk suyu
- 125 mililitre Çift krema

TALİMATLAR:

a) Böreği yapıp soğuk bir yerde dinlenmeye bırakın.
b) 1 - 1½ litrelik derin bir tabağa tavuk, jambon, pırasa ve soğan veya arpacık soğanını katmanlar halinde yerleştirin, topuz, hindistan cevizi ve baharatı ekleyin, ardından tabak dolana kadar katmanları tekrarlayın. Et suyunu ekleyin ve hamuru gereken boyuta getirmeden önce tabağın kenarlarını nemlendirin.
c) Hamuru pastanın üzerine yerleştirin ve kenarlarını iyice bastırın. Onları bir çatalla sıkıştırın. Ortasında küçük bir delik açın. Hamur parçalarını açın ve üst kısmı için bir yaprak veya rozet oluşturun. Bunu küçük deliğin üzerine çok hafifçe yerleştirin. Hamur işini sütle fırçalayın ve orta ateşte 350F'de 25-30 dakika pişirin.
ç) Kısmen piştiğinde üst kısmı çok kahverengi görünüyorsa hamurun üzerini nemli yağlı kağıtla örtün.
d) Kremayı yavaşça ısıtın. Börek pişince fırından çıkarın.
e) Rozeti dikkatlice kaldırın ve kremayı delikten dökün. Rozeti geri takıp servis yapın. (Bu pasta soğuduğunda lezzetli, yumuşak bir jöle oluşturur.)

40. Yazılış ve Pırasa

İÇİNDEKİLER:

- 50 gr/2 oz (4 yemek kaşığı) tereyağı
- 3 pırasa, ince dilimlenmiş
- birkaç dal kekik yaprağı, doğranmış
- 1 defne yaprağı
- 350 g/12 oz (2 bardak) kılçıksız buğday taneleri
- 250 ml/8 fl oz (1 bardak) elma şarabı (sert elma şarabı)
- 750 ml/25 fl oz (3 bardak) sebze suyu (et suyu)
- 2 yemek kaşığı kıyılmış maydanoz
- Deniz tuzu

TALİMATLAR:

a) Tereyağının yarısını büyük bir tavada (tavada) orta ateşte eritin. Pırasaları kekik ve defne yaprağıyla birlikte güzelce yumuşayana kadar yaklaşık 5 dakika kızartın. Yazılmış taneleri ekleyin ve bir dakika pişirin, ardından elma şarabını ekleyin ve kaynatın.

b) Et suyunu (et suyunu) ekleyin ve yazıldığından pişip yumuşayana kadar 40 dakika ila 1 saat pişirin. Gerekirse biraz daha su ekleyin.

c) Ateşten alın ve kalan tereyağını ve maydanozu ekleyin. Servis yapmadan önce baharatlayın.

41.Safranlı ve Domatesli Morina

İÇİNDEKİLER:
- 1 yemek kaşığı kolza tohumu (kanola) yağı
- 1 soğan, ince doğranmış
- 2 diş sarımsak, ezilmiş
- 150 g/5 oz (yaklaşık 3 küçük) patates, soyulmuş ve doğranmış
- 1 defne yaprağı
- 175 ml/6 fl oz (. bardak) şeri
- iyi bir tutam safran
- 350 ml/12 fl oz (1. su bardağı) balık suyu (et suyu)
- 1 x 400 g (14 oz) kutu doğranmış domates, harmanlanmış
- 600 g (1 lb 5 oz) morina filetosu, derisi soyulmuş ve kemikleri çıkarılmış, ısırık boyutunda parçalar halinde kesilmiş
- 2 yemek kaşığı maydanoz
- deniz tuzu ve taze çekilmiş karabiber

TALİMATLAR:

a) Yağı büyük bir tavada orta ateşte ısıtın, soğanı ve sarımsağı ekleyin, kapağını kapatın ve yumuşak ve güzel bir renk alana kadar yaklaşık 5 dakika pişirin. Biraz tuzla tatlandırın.

b) Patatesleri ve defne yaprağını ekleyip birkaç dakika pişirin. Daha sonra şeri, safran ve balık suyunu (et suyu) ekleyin. Patatesler neredeyse yumuşayana kadar yaklaşık 15 dakika pişirin.

c) Domatesleri ekleyin, ateşi kısın ve 15 dakika pişirin. Son dakikada balığı ekleyin ve 1 dakika pişirin. Kıyılmış maydanozu ekleyin ve tuz ve karabiberle tatlandırın.

42. Güvercin ve Yiğit

İÇİNDEKİLER:

- 4 güvercin, tüyleri yolunmuş ve bağırsakları çıkarılmış
- 4 yemek kaşığı kolza tohumu (kanola) yağı
- 75 gr/2. oz (5. yemek kaşığı) tereyağı
- birkaç dal kekik
- 2 soğan, doğranmış
- 2 diş sarımsak, çok ince doğranmış
- 250 g mantar, dilimlenmiş
- 500 ml/17 fl oz (2 bardak kadar) tavuk suyu (et suyu)
- 4 yemek kaşığı viski
- 500 ml/17 fl oz (2 bardak cömert)
- Deniz tuzu

TALİMATLAR:

a) Güvercinleri deniz tuzu ile baharatlayın. Büyük bir tavada 3 yemek kaşığı yağı orta ateşte ısıtın, güvercinleri ekleyin ve kızartın. Birkaç dakika sonra tereyağını kekikle birlikte ekleyip karamelize etmeye bırakın. Güvercinleri güzelce kızarana kadar birkaç dakika teyelleyin. Güvercinleri tavadan çıkarın ve dinlenmeye bırakın.

b) Tavayı kağıt havluyla silin, tereyağını ve kekiği atın. Kalan yağı tavada orta ateşte ısıtın ve soğanları ve sarımsakları yarı saydam olana kadar 3-4 dakika kızartın.

c) Deniz tuzu ekleyin, mantarları ekleyin ve mantarlar güzel bir renk alana kadar 5-7 dakika pişirin. Tavuk suyunu (et suyu), viskiyi ve şişmanlığı ekleyin.

ç) Kaynatın, ısıyı azaltın ve 30 dakika pişirin.

d) Güvercinleri tekrar tavaya alın, üzerini örtün ve güvercinler pişene kadar 20 dakika daha pişirin; göğüs etinin iç sıcaklığı et termometresinde 65C/150F'ye ulaşmalıdır.

43. Kuzu Güveç

İÇİNDEKİLER:

- 750 g/1 lb 10 oz lb kuzu omuz, doğranmış
- 50 g/2 oz (. bardak) damlayan sığır eti
- 3 soğan, dilimlenmiş
- 2 yemek kaşığı ince kıyılmış kekik
- 2 yemek kaşığı sade (çok amaçlı) un
- 750 ml/25 fl oz (3 bardak) kuzu suyu (et suyu), ısıtılmış
- 750 g/1 lb 10 oz lb (7 orta boy) patates, soyulmuş ve ince dilimlenmiş
- 50 g/2 oz (3. yemek kaşığı) tereyağı, eritilmiş
- deniz tuzu ve taze çekilmiş karabiber

TALİMATLAR:

a) Fırını 180C/350F/ Gas Mark 4'e önceden ısıtın.
b) Kuzuya karabiber ve tuz serpin. Sığır eti damlayan bir dökme demir tencerede orta ateşte ısıtın, kuzu eti ekleyin ve güzelce kızarana kadar gruplar halinde 5-10 kadar kızartın. Çıkarın ve sıcak bir yerde saklayın.
c) Soğanları ve kekiğin yarısını tencereye ekleyin ve yumuşak ve yarı şeffaf olana kadar yaklaşık 5 dakika pişirin. Meyane yapmak için unu ekleyin ve gevşek bir macun oluşuncaya kadar 2 dakika pişirin. Sıcak kuzu suyunu (et suyu) yavaş yavaş dökün ve meyane eriyene kadar karıştırın.
ç) Kızarmış kuzuyu tekrar tencereye alın. Üzerine patates dilimlerini dairesel şekilde yerleştirin. Üzerine eritilmiş tereyağını sürün ve deniz tuzu, karabiber ve kalan kekikle tatlandırın.
d) Kapağını kapatıp önceden ısıtılmış fırında 45 dakika pişirin. Patateslerin kızarmasını sağlamak için son 15 dakika boyunca kapağı çıkarın.

44.Pek Çok İyi Şeyi Olan Tavuk Suyu

İÇİNDEKİLER:

- 1,8 litre (3 pint) iyi aromalı ve yağı alınmış ev yapımı tavuk suyu
- 225g (8oz) pişmemiş veya pişmiş, kıyılmış tavuk (ben kahverengi et kullanmayı tercih ederim)
- pul pul deniz tuzu ve taze çekilmiş karabiber
- 6 orta boy kırmızı domates, 1 cm (1/2 inç) zarlar halinde kesilmiş
- 2-3 olgun Hass avokado, 1,5 cm'lik (2/3) zarlar halinde kesilmiş
- 2 orta boy kırmızı soğan, 1 cm (1/2 inç) zarlar halinde kesilmiş
- İnce dilimlenmiş 2 yeşil Serrano veya Jalapeño biberi
- 3 organik limon, dilimler halinde kesilmiş
- 3-4 yumuşak mısır ekmeği veya büyük bir torba yüksek kaliteli tortilla cipsi
- 4-6 yemek kaşığı iri kıyılmış kişniş yaprağı

TALİMATLAR:

a) Tavuk suyunu 2,5 litrelik (4 1/2 pint) geniş bir tencereye koyun ve
b) kaynatma. Tuz ve karabiberle tatlandırın ve baharatlayın; et suyunun tam anlamıyla zengin bir tada sahip olması gerekir, aksi takdirde çorba yumuşak ve yavan olacaktır.
c) Servis yapmadan hemen önce kıyılmış tavuğu sıcak et suyuna ekleyin ve sertleşmemesi için yavaşça haşlayın.
ç) Pişmiş tavuğun et suyunda ısıtılması yeterlidir.
d) Çiğ beyaz etin pişmesi 2-3 dakika sürer ve etin kızarması biraz daha uzun sürer - 4-6 dakika. Tatmak için baharatlayın.

45. Lahana ve Pastırma

İÇİNDEKİLER:

- 2 küçük Savoy lahanası
- 8 şerit pastırma
- Tuz ve biber
- 4 Bütün yenibahar meyveleri
- 300 mililitre Pastırma veya tavuk suyu

TALİMATLAR:

a) Lahanayı ikiye bölüp tuzlu suda 15 dakika haşlayın.
b) Süzün ve 1 dakika soğuk suda bekletin, ardından iyice süzün ve dilimleyin. Pastırma şeritlerinin yarısını güveç tabanına yerleştirin, ardından lahanayı üstüne koyun ve baharatları ekleyin.
c) Zar zor kaplayacak kadar et suyu ekleyin, ardından kalan pastırma şeritlerini üstüne koyun. Sıvının çoğu emilene kadar bir saat boyunca örtün ve pişirin.

46.Fırında Doldurulmuş Ringa balığı

İÇİNDEKİLER:
- 4 yemek kaşığı galeta unu (tepeleme)
- 1 çay kaşığı Maydanoz, doğranmış
- 1 küçük Yumurta, dövülmüş
- 1 Limonun suyu ve kabuğu
- 1 tutam Hindistan cevizi
- 1 Tuz ve karabiber
- 8 Ringa balığı, temizlenmiş
- 300 mililitre Sert elma şarabı
- 1 defne yaprağı, iyice ufalanmış
- 1 Taze çekilmiş biber

TALİMATLAR:
a) Öncelikle galeta unu, maydanoz, çırpılmış yumurta, limon suyu ve kabuğunu, tuz ve karabiberi karıştırarak iç harcını hazırlayın.

b) Balıkları karışımla doldurun. Fırına dayanıklı bir tabağa birbirine yakın şekilde yerleştirin; elma şarabını, ufalanmış defne yaprağını, tuz ve karabiberi ekleyin.

c) Folyo ile örtün ve yaklaşık 35 dakika boyunca 350F'de pişirin.

47. Kızarmış Kereviz

İÇİNDEKİLER:
- Her birinden 1 adet baş kereviz
- 1 adet orta boy soğan
- 1 çay kaşığı kıyılmış maydanoz
- 2 dilim pastırma
- 10 sıvı ons Stok
- 1 x Tatlandırmak için tuz/biber
- 1 ons Tereyağı

TALİMATLAR:
a) Kerevizleri temizleyin, birer santimlik parçalar halinde kesin ve bir güveç kabına koyun.
b) Pastırmayı ve soğanı ince ince doğrayın ve kerevizin üzerine kıyılmış maydanozla birlikte serpin. Stok üzerine dökün. Tereyağı topuzlarıyla noktalayın.
c) Kabı örtün ve orta dereceli fırında 30-45 dakika pişirin.

48. Beş Baharatlı Lahana Turşusu Kabuklu Somon

İÇİNDEKİLER:

- ½ pound İngiliz pastırması
- 1 yemek kaşığı kimyon tohumu
- 1 büyük soğan
- 1 Erik domates; ile doğranmış
- Tohumlar ve cilt
- 2 pound Lahana turşusu; gerekirse boşaltılır
- 12 ons Lager birası
- ¼ bardak kişniş tohumu
- ¼ bardak kimyon tohumu
- ¼ bardak Rezene tohumu
- ¼ bardak Siyah soğan çekirdeği
- ¼ bardak Siyah hardal tohumu
- 4 Somon filetosu 6 - (6 oz adet); derisi açık, kesilmiş
- Orta kısımdan
- ¼ bardak bitkisel yağ

TALİMATLAR:

a) Pastırmayı, kimyon tohumlarını ve soğanları beş ila yedi dakika veya yumuşayana, ancak renklenmeyene kadar terleyin.

b) Domates, lahana turşusu ve birayı ekleyip kaynatın.

c) Kaynamaya başlayınca ateşi kısın ve üstü kapalı olarak bir saat pişirin. Soğumaya bırakın ve ihtiyaç duyulana kadar rezerve edin. Buzdolabında bir haftaya kadar bozulmadan saklanabilir. Somon: Her baharatı parçalamak için bir karıştırıcıda kısa süre karıştırın, ancak toz haline getirmeyin. Hepsini bir kapta iyice karıştırın. Her somon parçasını deri tarafındaki suyla ıslatın. Her parçayı derisi aşağı gelecek şekilde baharat karışımına bulayın.

ç) Bir kenara koyun. Bu arada, ağır bir sote tavasını veya tavayı önceden ısıtın. Yağı ekleyin ve somon parçalarını derili tarafı aşağıya gelecek şekilde ekleyin ve üzerini sıkı bir kapakla kapatın. Nadir balıklar için sadece bir tarafının dört dakika pişmesine izin verin.

d) İstenirse daha uzun süre pişirin. Tavayı açın ve balıkları boşaltmak için kağıt havlulara çıkarın. Somonu sıcak lahana turşusu ile servis edin.

49. Sıcak Tereyağlı Midye

İÇİNDEKİLER:
- 2 pint Midye
- 4 ons Tereyağı
- 1 Tuz ve karabiber
- 2 yemek kaşığı kıyılmış frenk soğanı

TALİMATLAR:

a) Midyeleri akan su altında iyice yıkayın. "Sakalları" çıkarın ve açık kabukları atın.

b) Midyeleri tavaya yerleştirin ve yüksek sıcaklıkta 7 veya 8 dakika, kabukları açılıncaya kadar pişirin. Tuz veya karabiber ile tatlandırın. Servis tabağına alıp üzerine pişen meyve suyunu dökün.

c) Tereyağı parçalarıyla noktalayın ve doğranmış frenk soğanı serpin. Taze kahverengi ekmek ve tereyağı ile servis yapın.

50. Tarçınlı Patates

İÇİNDEKİLER:
- 8 ons Krem peynir, yumuşatılmış
- 8 ons Hindistan Cevizi
- 1 Kutu (1 lb) 10X şeker
- 1 yemek kaşığı Süt
- 1 yemek kaşığı İngiliz viskisi (veya vanilya)
- Tarçın

TALİMATLAR:
a) Krem peynir ve şekeri birlikte karıştırın.
b) Daha sonra geri kalan malzemeleri (tarçın hariç) ekleyin.
c) ¾" toplar halinde yuvarlayın. Tarçınla yuvarlayın.
ç) Ayarlamak için birkaç gün bekletin. O zaman tadını çıkar.

51. Limonlu ve Otlu Domuz Filetosu

İÇİNDEKİLER:

- 6 pound Kemiksiz domuz filetosu
- ½ su bardağı kıyılmış maydanoz
- ¼ bardak kıyılmış soğan
- ¼ su bardağı ince rendelenmiş limon kabuğu
- 1 yemek kaşığı Fesleğen
- 3 diş dövülmüş sarımsak
- ¾ su bardağı zeytinyağı
- ¾ fincan Kuru şeri

TALİMATLAR:

a) Domuz eti kurulayın. Keskin bıçakla iyi puan alın.
b) Maydanozu, soğanı, kabuğu, fesleğeni ve sarımsağı küçük bir kasede birleştirin.
c) ⅔ yağı çırpın. Domuzun içine sürün.
ç) Folyoya sarın ve gece boyunca buzdolabında saklayın. Domuz eti kavurmadan 1 saat önce oda sıcaklığında bekletin.
d) Fırını önceden 350 derece F'ye ısıtın. Domuz etini kalan zeytinyağıyla fırçalayın. Sığ tavada rafa yerleştirin.
e) Et termometresi etin en kalın kısmına yerleştirilene kadar 170 derece F, yaklaşık 2½ saat kaydedene kadar kızartın. Eti bir kenara koyun. Tava suyunu yağdan arındırın.
f) Sherry'yi tava sularına karıştırın. Kapağını kapatıp kısık ateşte 2 dakika pişirin.
g) Domuz eti tabağa aktarın. Taze maydanoz ve limon dilimleriyle süsleyin. Sosu ayrı olarak servis edin.

52.Baharatlı Şişman Domuz Eti

İÇİNDEKİLER:
- 6 ons Esmer şeker
- Sarımsak
- Kekik
- Kekik
- Sirke
- 2 çay kaşığı Kaya tuzu
- 2 çay kaşığı öğütülmüş karabiber
- 6 Siyah zeytin
- Adaçayı
- 6 adet kuru erik
- Hamsi filetosu
- 2 yemek kaşığı Tereyağı
- 2 yemek kaşığı Zeytinyağı
- 1 Soğan; dilimlenmiş
- 1 ons Roux

TALİMATLAR:

a) Domuz etinin kabuklarını dikkatlice kesip bir kenara koyun. Her eklemde altı kesi yapın. Adaçayı zeytinlerin etrafına sarın ve kesiklerin yarısına yerleştirin. Hamsiyi kuru eriklerin etrafına sarın ve diğer deliklere yerleştirin. Marineyi hazırlamak için, tüm marine malzemelerini bir karıştırıcıya ekleyin ve pürüzsüz bir macun elde edinceye kadar karıştırın.

b) Macun çok kuruysa macun oluşturmak için biraz yağ ekleyin. Marinayı iki eklemin üzerine dökün ve bir gece bekletin. Domuz etini pişirmek için büyük bir tencereye alın ve 2 ons tereyağı ve 2 yemek kaşığı zeytinyağını eritin. Eti tencerede yarıya kadar çevirerek 5-8 dakika kızartın.

c) Dilimlenmiş soğanı ve kalan marinatları ekleyin.

ç) Küçük bir şişe şişman ekleyin.

d) Bir 'kapak' oluşturacak şekilde eklemlerin derisini etin üzerine yerleştirin. Tencereyi 3-4 saat boyunca 130°C/gaz2 sıcaklıktaki düşük bir fırına yerleştirin. Cildi atın. Kolayca gerçekleşmesi gereken etin kemiklerini çıkarın ve servis kasesine koyun.

e) Kalan meyve sularını blenderda karıştırın ve bir tencereye süzün. Meyve sularını kaynatın ve kalınlaştırmak için roux'yu ekleyin. Etin üzerine dökün. Sert.

53. İngiliz Usulü Fırında Alabalık

İÇİNDEKİLER:

- 4 Yeşil soğan; dilimlenmiş
- 1 Yeşil biber; doğranmış
- ¼ su bardağı Margarin veya tereyağı
- 1 su bardağı yumuşak ekmek kırıntısı
- ¼ bardak Taze maydanoz; kırpılmış
- 1 çay kaşığı Limon suyu
- 1 çay kaşığı Tuz
- ¼ çay kaşığı Kurutulmuş fesleğen yaprağı
- 4 Bütün alabalık; çekilmiş tuz

TALİMATLAR:

a) Soğanları ve biberi margarinde soğanlar yumuşayana kadar pişirip karıştırın; ateşten alın. Ekmek kırıntılarını, maydanozu, limon suyunu, 1 çay kaşığı ilave edin. tuz ve fesleğen.

b) Balık boşluklarını tuzla ovalayın; her birini yaklaşık ¼ c. doldurma ile doldurun. Balıkları yağlanmış dikdörtgen pişirme kabına, 13 1/2x9x2 inç yerleştirin.

c) 350 derecede ağzı açık pişirin. Balık çatalla kolayca pul pul dökülene kadar fırında, 30 ila 35 dakika.

ç) İstenirse balıkları kiraz domates ve maydanozla süsleyin.

YAHVELER VE ÇORBALAR

54. İngiliz Kuzu Yahni

İÇİNDEKİLER:

- 1-1½ kg veya 3,5 lbs kuzu boynu veya omuzu
- 3 büyük soğan, ince doğranmış
- Tuz ve taze çekilmiş karabiber
- 3-4 havuç, küçük parçalar halinde doğranmış
- 1 pırasa, küçük parçalar halinde doğranmış
- 1 küçük şalgam/İsveç şalgamı/rutabaga, küçük parçalar halinde doğranmış
- Soyulmuş ve dörde bölünmüş 10 küçük yeni patates veya soyulmuş ve doğranmış 2 büyük patates
- 1/4 küçük lahana, rendelenmiş
- Maydanoz, kekik ve defne yaprağı buketi - bunu bırakabileceğiniz bir ip ile birbirine bağlayın
- Bir tutam Worcestershire sosu

TALİMATLAR:

a) Kasapınızdan etin kemiğini kesmesini ve yağını kesmesini isteyebilirsiniz ancak kemikleri saklayın veya bunu evde yapın. Yağdan kurtulun ve eti küpler halinde kesin. Eti soğuk tuzlu su dolu bir tencereye koyun ve etle birlikte kaynatın. Kaynadıktan sonra ocaktan alın ve süzün, kalan kalıntıları gidermek için kuzuyu durulayın.

b) Bu kaynarken kemikleri, soğanları, sebzeleri yeni bir tencereye koyun, ancak patatesleri veya lahanayı koymayın. Baharatları ve bitki buketini ekleyin ve üzerini soğuk suyla örtün. Etler durulanınca bu tencereye ekleyin ve bir saat pişirin. Sık sık köpüğü sıyırmanız gerekecek.

c) Bir saat sonunda patatesleri ekleyin ve güveci 25 dakika pişirmeye devam edin. Patatesleri ekleyin ve 25 dakika pişirmeye devam edin. Pişirmenin son 6-7 dakikasında lahanayı ekleyin.

ç) Et yumuşayıp parçalandığında kemikleri ve bitki buketini çıkarın. Bu noktada güvecin tadına bakın ve ardından Worcestershire sosunu ekleyerek tadına bakın ve servis yapın.

55. İngiliz usulü pişmiş yaban havucu

İÇİNDEKİLER:

- 2½ pound Yaban havucu
- 2 ons Tereyağı veya pastırma yağı
- 3 yemek kaşığı Stok
- 1 x Tuz ve karabiber
- 1 x Tutam küçük hindistan cevizi

TALİMATLAR:

a) Yaban havuçlarını soyun, dörde bölün ve odunsu çekirdeklerini çıkarın. 15 dakika kadar kaynatın.

b) Fırına dayanıklı bir kaba yerleştirin. Et suyunu ekleyin ve üzerine tuz, karabiber ve hindistan cevizi serpin.

c) Üzerine tereyağı sürün ve orta dereceli fırında, alçak rafta 30 dakika pişirin.

56.İngiliz Deniz Mahsulleri Çorbası

İÇİNDEKİLER:

- 1lb/500g civarında 4 küçük hake filetosu
- Yukarıdaki gibi 2 somon filetosu
- 1 parça füme balık yaklaşık 1/2lb/250g
- 1 yemek kaşığı bitkisel yağ
- 1 çay kaşığı tereyağı
- 4 patates
- 2 havuç
- 1 soğan
- 500 ml/ 2,25 su bardağı balık veya tavuk suyu
- 2 yemek kaşığı kurutulmuş dereotu
- 250ml / 1 su bardağı krema
- 100 ml/1/2 su bardağı süt
- 4 yemek kaşığı ince doğranmış frenk soğanı

TALİMATLAR:

a) Patatesleri alıp soyun ve küçük küpler halinde doğrayın. Havuçları soyun ve patateslerden daha küçük küpler halinde doğrayın.

b) Balığın varsa derisini çıkarın ve büyük parçalar halinde doğrayın, pişirme sırasında parçalanacaktır.

c) Derin bir tencereye yağı ve tereyağını koyup soğanı, patatesi, dereotunu ve havucu 5 dakika kadar hafifçe soteleyin. Stokları tavaya dökün ve 1 dakika boyunca kaynamaya getirin.

ç) Tencerenin kapağını alıp kremayı ve sütü, ardından balığı ekleyin. Balık pişene kadar hafifçe pişirin (kaynatmayın).

d) Maydanoz garnitürü ve ev yapımı Buğday Ekmeğinizin bir kısmı ile servis yapın.

57.Köfteli Tavuk Yahni

İÇİNDEKİLER:

- 1 tavuk, 8 parçaya bölünmüş
- 15 gr/. oz (2 yemek kaşığı) sade (çok amaçlı) un
- 2 yemek kaşığı kolza tohumu (kanola) yağı
- 15 gr/. ons (1 yemek kaşığı) tereyağı
- 1 soğan, doğranmış
- 4 adaçayı yaprağı
- birer dal biberiye ve kekik
- 2 havuç, doğranmış
- 250 ml/8 fl oz (1 bardak) elma şarabı (sert elma şarabı)
- 1 litre/34 fl oz (4. bardak) tavuk
- stok (et suyu)
- 1 çay kaşığı deniz tuzu
- taze çekilmiş karabiber
- süslemek için kıyılmış düz yaprak maydanoz Köfte için
- 350 g/12 oz (2. bardak) sade (çok amaçlı) un, elenmiş
- 50 g/2 oz (4 yemek kaşığı) soğuk tereyağı, rendelenmiş
- 1 çay kaşığı kabartma tozu
- 350 ml/12 fl oz (1. bardak) süt
- Deniz tuzu

TALİMATLAR:

a) Tavuk parçalarını tuz ve biraz karabiberle tatlandırın ve una bulayın.

b) Yağı orta-yüksek ateşte büyük, kalın tabanlı bir tavada veya güveç kabında (Hollanda fırını) ısıtın ve tavuk parçalarını her tarafı altın rengi kahverengi olana kadar yaklaşık 5 dakika boyunca gruplar halinde kızartın. Tavuğu bir kenara koyun ve tavayı silin.

c) Tereyağını tavada eritip soğanı, adaçayı, biberiyeyi ve kekiği ekleyin. Soğan yumuşayana kadar 3-4 dakika kavurun, ardından havucu ekleyin. Tavayı elma şarabıyla yağdan arındırın ve kaynatın.

ç) Tavuğu ve meyve sularını tekrar tavaya alın ve üzerini et suyuyla (et suyu) doldurun. Orta-düşük ateşte, tavuk hiçbir pembelik belirtisi olmadan pişene ve meyve suları temiz akana kadar yaklaşık 25-30 dakika pişirin.

d) Bu arada köfteleri hazırlamak için un ve tereyağını bir kasede kabartma tozu ve tuzla birleştirin. Gevşek bir hamur elde etmek için sütü ekleyin. Pişirme süresinin son 5-10 dakikasında tavuklu tavaya hamur tatlısı karışımından çorba kaşığı dolusu ekleyin, köfteleri yarıya kadar çevirerek her iki tarafının da pişmesini sağlayın.

e) Maydanozu ekleyip servis yapın.

58.Kremalı Midye Çorbası

İÇİNDEKİLER:

- ¾ pint Midye
- 3 su bardağı Soğuk su
- 2 ons Tereyağı
- 1 ons Un
- ½ bardak Tek krema
- 1 x Tuz ve karabiber

TALİMATLAR:

a) Midyeleri iyice yıkayın.
b) Kabuklar açılıncaya kadar kuru bir kurutma tavasında ısıtın. Midyeleri kabuklayın ve sakallayın.
c) Bir tencerede tereyağını eritip unu ekleyip 1-2 dakika kavurun.
ç) Ateşten alın ve suyla birlikte kızartma tavasından kalan sıvıyı da ekleyerek karıştırın. Tuz ve karabiber ekleyin, kaynatın, kapağını kapatın ve 10 dakika pişirin.
d) Ateşten alın. Midye ve kremayı karıştırın. Baharatını ayarlayın ve hemen servis yapın.

59. Taze Bezelye Çorbası

İÇİNDEKİLER:
- 350 gram taze kabuklu bezelye
- 2 yemek kaşığı Tereyağı
- 1 adet Orta boy soğan, doğranmış
- Her birinden 1 adet buzdağı marul/doğranmış
- 1 dal nane, doğranmış
- 1 dal maydanoz, doğranmış
- 3 şerit pastırma, doğranmış
- 1½ litre Jambon suyu
- 1 x Tuz ve karabiber
- 1 x Şeker
- 1 x Kıyılmış maydanoz

TALİMATLAR:
a) Bezelyeleri ayıkladıktan sonra kabukları saklayın, yıkayın ve çorbayı hazırlarken jambon suyunda kaynatın.

b) Geniş bir tencerede tereyağını ısıtıp soğanı yumuşattıktan sonra marul, nane ve maydanozu ekleyin.

c) Pastırmanın kabuğunu soyup doğrayın. Ara sıra çevirerek yaklaşık 2 dakika kızartın; bezelye, tuz, karabiber ve az miktarda şekerle birlikte tencereye ekleyin. Stoku süzün ve ekleyin.

ç) Kaynatın, karıştırın, ardından bezelyeler iyice yumuşayana kadar yaklaşık yarım saat pişirin.

d) Kıyılmış maydanoz veya nane ile süsleyin.

60.Hazır İngiliz Kremalı Patates Çorbası

İÇİNDEKİLER:

- 1 su bardağı Patates; soyulmuş ve doğranmış
- 1 su bardağı Soğan; doğranmış
- 1 su bardağı Havuç; doğranmış
- 2 yemek kaşığı Dereotu, taze; doğranmış VEYA
- 1 yemek kaşığı Kurutulmuş dereotu
- ¼ çay kaşığı öğütülmüş beyaz biber
- 1 çay kaşığı Granül sarımsak VEYA
- 2 çay kaşığı Taze sarımsak; kıyılmış
- 3 yemek kaşığı Mısır yağı
- 4 su bardağı;su
- 2¼ bardak Hafif soya sütü
- 2 yemek kaşığı sebze bulyon tozu
- 1 su bardağı hazır patates püresi

TALİMATLAR:

a) Orta boy bir tencerede patates, soğan, havuç, biber, dereotu ve sarımsağı yağda orta ateşte 6 dakika soteleyin.

b) Su, soya sütü ve bulyon tozunu ekleyin.

c) Eşit dağılım sağlamak için sürekli çırparak patates pullarını yavaşça ekleyin.

ç) Isıyı en aza indirin ve ara sıra karıştırarak, patatesler pişene ve karışım sıcak olana kadar yaklaşık 15 dakika pişirin.

61. Şalgam ve Pastırma Çorbası

İÇİNDEKİLER:
- ¼ pound Çizgili domuz pastırması, kabukları soyulmuş
- ¼ pound Kıyılmış soğan
- ¼ pound Kıyılmış patates
- ¾ pound Kıyılmış şalgam
- 2 pint Stok
- 1 x Kızartmak için yağ

TALİMATLAR:
a) Pastırma ve soğanı doğrayıp kızartın.
b) Patates, şalgam ve et suyunu ekleyin.
c) Sebzeler yumuşayıncaya kadar yavaşça pişirin.
ç) Baharatını ayarlayıp servis yapın.

TATLI

62.Kara Orman Ayakkabıcı

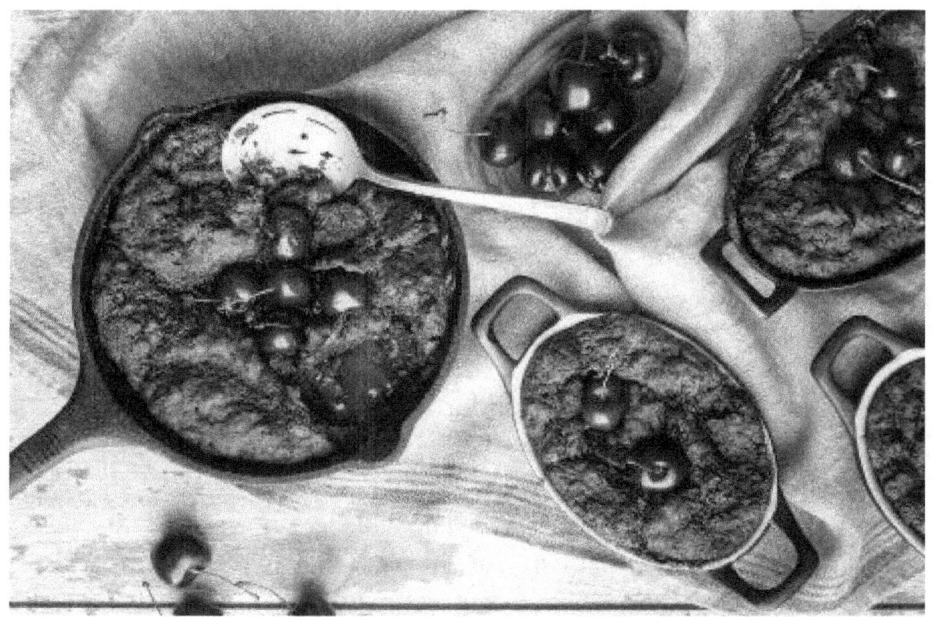

İÇİNDEKİLER:
- ½ bardak) şeker
- 1 yemek kaşığı mısır nişastası
- 7 su bardağı çekirdeksiz kırmızı tart kiraz (yaklaşık 2 pound)
- ¼ çay kaşığı badem özü
- ¾ bardak çok amaçlı un
- ¼ fincan pişirme kakaosu
- 1 yemek kaşığı şeker
- 1 ½ çay kaşığı kabartma tozu
- ½ çay kaşığı tuz
- 3 yemek kaşığı tereyağı veya margarin
- ½ bardak süt
- İstenirse krema veya dondurma

TALİMATLAR:

a) Fırını 400°F'ye ısıtın. ½ bardak şekeri ve mısır nişastasını 2 litrelik bir tencerede karıştırın. Kirazları karıştırın. Orta ateşte sürekli karıştırarak, karışım koyulaşıp kaynayana kadar pişirin. 1 dakika kaynatıp karıştırın. Badem ekstraktını karıştırın. Yağlanmamış 2 litrelik bir güvece dökün; fırında sıcak tutun.

b) Küçük bir kapta un, kakao, 1 yemek kaşığı şeker, kabartma tozu ve tuzu karıştırın. Karışım ince kırıntılar gibi görünene kadar bir hamur karıştırıcısı kullanarak veya 2 bıçağı çaprazlayarak tereyağını kesin. Sütü karıştırın. Sıcak meyveli karışımın üzerine hamuru 6 kaşık dolusu dökün.

c) 25 ila 30 dakika veya tepesi sertleşene kadar üstü açık pişirin. Krema ile sıcak olarak servis yapın. ikame

63. Elma gevreği

İÇİNDEKİLER:
- 6 bardak dilimlenmiş ve soyulmuş elma (örn. Granny Smith)
- 2 yemek kaşığı hazır kahve granülü
- ½ su bardağı toz şeker
- 1 çay kaşığı öğütülmüş tarçın
- ½ çay kaşığı öğütülmüş hindistan cevizi
- 1 su bardağı eski moda yulaf
- ½ bardak çok amaçlı un
- ½ su bardağı paketlenmiş esmer şeker
- ½ bardak tuzsuz tereyağı, soğuk ve küp şeklinde

TALİMATLAR:

a) Fırınınızı 175°C'ye (350°F) önceden ısıtın ve 9x13 inçlik bir pişirme kabını yağlayın.

b) Hazır kahve granüllerini 2 yemek kaşığı sıcak suda eritip bir kenara koyun.

c) Büyük bir kapta dilimlenmiş elmaları ve çözünmüş kahve karışımını birleştirin. Ceketini fırlat.

ç) Ayrı bir kapta toz şekeri, tarçını ve hindistan cevizini karıştırın. Bu karışımı elmaların üzerine serpin ve kaplayın.

d) Elma karışımını hazırlanan pişirme kabına aktarın.

e) Bir kapta eski yulafları, çok amaçlı unu, esmer şekeri ve soğuk küp tereyağını birleştirin. Ufalanana kadar karıştırın.

f) Yulaf karışımını elmaların üzerine eşit şekilde serpin.

g) 40-45 dakika veya üzeri altın rengi kahverengi olana ve elmalar yumuşayana kadar pişirin.

ğ) Servis yapmadan önce biraz soğumasını bekleyin. Cappuccino elma gevreklerinin tadını çıkarın!

64. Şekerli Bisküvili Karışık Berry Cobbler

İÇİNDEKİLER:
- Yağlama için bitkisel yağ
- 2 su bardağı taze çilek, dilimlenmiş
- 2 su bardağı taze böğürtlen
- 2 su bardağı taze yaban mersini
- 1 su bardağı toz şeker
- ¾ bardak su
- 2 yemek kaşığı tuzsuz tereyağı
- 1 yemek kaşığı vanilya özü
- 3 yemek kaşığı mısır nişastası

BİSKÜVİ ÜSTÜ İÇİN:
- 2 fincan çok amaçlı un
- ¼ su bardağı toz şeker
- 3 yemek kaşığı kabartma tozu
- ½ çay kaşığı koşer tuzu
- ¾ fincan ayran
- 5 yemek kaşığı soğuk tuzsuz tereyağı, kıyılmış
- 2 çay kaşığı vanilya özü
- 2 yemek kaşığı eritilmiş tuzsuz tereyağı
- 2 yemek kaşığı iri şeker

TALİMATLAR:

a) Fırını önceden 375 derece F'ye ısıtın. 9 x 13 inçlik bir pişirme kabını hafifçe yağlayın.

b) Orta ateşteki büyük bir tencerede meyveleri şeker, su, tereyağı ve vanilyayla birleştirin. Kabarcıklar oluşmaya başladığında tencereden yaklaşık ¼ bardak sıvıyı alın.

c) Küçük bir kapta ¼ fincan sıcak sıvıyı mısır nişastasıyla birleştirin ve topaklanıncaya kadar karıştırın. Mısır nişastası karışımını tekrar meyvelerin olduğu tencereye dökün ve karıştırın. Her şey koyulaşana kadar pişirin, ardından meyve karışımını pişirme kabına dökün. Bir kenara koyun.

ç) Bisküvinin üzeri için büyük bir kapta un, şeker, kabartma tozu ve tuzu birleştirin. İyice birleşene kadar çırpın. Ayranı, rendelenmiş tereyağını ve vanilyayı ekleyin. Malzemeleri karıştırın. Bisküvi karışımını alıp meyveli dolgunun üzerine yerleştirin.

d) Bisküvileri eritilmiş tereyağıyla yağlayın, ardından üzerine iri şeker serpin. Fırında ağzı açık olarak 30 ila 35 dakika kadar pişirin. Fırından çıkarın ve soğumaya bırakın. Dondurmayla veya dondurmasız servis yapın.

65. Mini Limonlu Çiseleyen Kek

İÇİNDEKİLER:

- 2 yumurta
- 100 gr (yaklaşık 3,5 ons) tereyağı, yumuşatılmış
- 100 gr (yaklaşık 3,5 ons) pudra şekeri
- 100 gr (yaklaşık 3,5 ons) kendiliğinden kabaran un
- 1 limon kabuğu rendesi ve
- 1 limonun suyu
- 50 gr (yaklaşık 1,75 ons) toz şeker

TALİMATLAR:

a) Fırınınızı önceden 180°C'ye (350°F) ısıtın. Mini kek veya kek kalıbını yağlayıp yağlayın.

b) Bir karıştırma kabında tereyağını ve pudra şekerini krema kıvamına gelinceye kadar çırpın. Yumurtaları teker teker ekleyin ve her eklemeden sonra iyice karıştırın.

c) Kendiliğinden kabaran unu eleyin ve limon kabuğu rendesini ekleyin. İyice birleşene kadar karıştırın.

ç) Hamuru mini kek kalıbına dökün ve yaklaşık 12-15 dakika veya kekler altın rengi oluncaya kadar pişirin.

d) Kekler pişerken limon suyu ve toz şekeri karıştırıp şerbeti hazırlayın.

e) Kekler fırından çıkar çıkmaz çatal veya kürdan yardımıyla delin ve üzerine limon-şeker karışımını gezdirin.

f) Servis yapmadan önce keklerin soğumasını bekleyin.

66.Yakut Çaylı Bisküvi

İÇİNDEKİLER:
- 2 su bardağı çok amaçlı un, elenmiş
- 2 yemek kaşığı şeker
- 4 çay kaşığı kabartma tozu
- ½ çay kaşığı tuz
- ½ fincan sebze yağı
- ¾ bardak süt
- Tahta için ekstra un
- Merkezler için kırmızı reçel

TALİMATLAR:

a) Fırını önceden 425 Fahrenheit dereceye ısıtın ve fırın rafını ortaya yerleştirin.

b) Büyük bir karıştırma kabında 2 su bardağı elenmiş un, şeker, kabartma tozu ve tuzu birleştirin. Kuru malzemeleri bir çatal yardımıyla iyice karıştırın.

c) Bir pasta kesici veya iki bıçak kullanarak, sebze yağını kaba ekmek kırıntılarına benzeyene kadar kuru karışıma ekleyin.

ç) Sütü dökün ve yumuşak bir hamur topu oluşana kadar bir çatalla yavaşça un karışımına karıştırın.

d) Hamuru iyice unlanmış bir yüzeye koyun ve unlu ellerle yaklaşık 12 kez yoğurun.

e) Unlanmış merdane yardımıyla hamuru yarım santim kalınlığında açın.

f) 2 inçlik bisküvi kesici kullanarak hamurdaki daireleri kesin. Kesiciyi döndürmeden düz bir şekilde kestiğinizden emin olun. Daireleri bir çerez kağıdına, yaklaşık 1 inç aralıklarla yerleştirin.

g) 1 inçlik bir bisküvi kesici alın ve kalan dairelerin ortasında bir delik açarak halkalar oluşturun. Bir spatula kullanarak orta kısımlarını dikkatlice çıkarın ve bir kenara koyun.

ğ) Halkaları, halihazırda kurabiye kağıdında bulunan büyük hamur halkalarının üzerine yerleştirin.

h) Her bisküvinin orta kısmına ½ çay kaşığı reçel veya jöle dökün.

ı) 425 Fahrenheit derecede 12 ila 15 dakika veya bisküviler kabarık ve altın rengi oluncaya kadar pişirin.

i) Çay bisküvilerini metal bir spatula kullanarak kurabiye kağıdından hemen çıkarın.

j) Küçük daireleri (bisküvi merkezlerini) 11 ila 12 dakika pişirin ve diğerlerinin yanında servis edilecek ek küçük bisküviler hazırlayın.

67.kurabiye Çerezler

İÇİNDEKİLER:
- 1 bardak (2 çubuk) tuzsuz tereyağı, yumuşatılmış
- ½ su bardağı toz şeker
- 2 fincan çok amaçlı un
- ¼ çay kaşığı tuz
- 1 çay kaşığı vanilya özü

TALİMATLAR:

a) Fırınınızı 325°F'ye (160°C) önceden ısıtın. Bir fırın tepsisini parşömen kağıdıyla hizalayın.

b) Bir karıştırma kabında yumuşatılmış tereyağını ve şekeri hafif ve kabarık olana kadar krema haline getirin.

c) Vanilya ekstraktını ekleyin ve birleşene kadar karıştırın.

ç) Unu ve tuzu yavaş yavaş ekleyerek hamur kıvamına gelinceye kadar karıştırın.

d) Hamuru hafifçe unlanmış bir yüzeyde yaklaşık yarım santim kalınlığında açın.

e) İstenilen şekilleri kesmek için çerez kesicileri kullanın ve bunları hazırlanan fırın tepsisine yerleştirin.

f) Önceden ısıtılmış fırında 12-15 dakika veya kenarları hafif altın rengi oluncaya kadar pişirin.

g) Kurabiyeleri tel raf üzerinde soğumaya bırakın.

68. Çilek Eton Mess

İÇİNDEKİLER:
- 4 beze yuvası, ezilmiş
- 2 bardak taze çilek, kabuğu soyulmuş ve dilimlenmiş
- 1 bardak ağır krema
- 2 yemek kaşığı pudra şekeri

TALİMATLAR:

a) Bir karıştırma kabında, ağır kremayı ve pudra şekerini yumuşak zirveler oluşana kadar birlikte çırpın.
b) Ezilmiş beze yuvalarını ve dilimlenmiş çilekleri yavaşça katlayın.
c) Karışımı servis bardaklarına veya kaselere dökün.
ç) İsteğe bağlı: İlave dilimlenmiş çilek veya nane yapraklarıyla süsleyin.
d) Hemen servis yapın ve tadını çıkarın!

69. Tutku Meyvesi Posset

İÇİNDEKİLER:

- 300 ml Duble krema
- 75 gram pudra şekeri
- 1 Limon
- 2 Tutku meyvesi
- Çikolata; bisküvi, servis etmek için

TALİMATLAR:

a) Kremayı ve şekeri bir tencereye alıp, şeker eriyene kadar karıştırarak kaynatın.

b) Limonun kabuğunu rendeleyin ve suyuyla birlikte tavaya karıştırın.

c) Karışım koyulaşana kadar bir dakika kadar karıştırın, ardından ocaktan alın.

ç) Çarkıfelek meyvesini yarıya bölün, tohumları alın ve posayı posaya koyun. İyice karıştırın ve iki saplı şarap bardağına dökün.

d) Soğutun, ardından sertleşene kadar soğutun.

70. Klasik Banoffee Pastası

İÇİNDEKİLER:
KABUĞU İÇİN:
- 1 1/2 bardak graham kraker kırıntısı
- 1/2 su bardağı tuzsuz tereyağı, eritilmiş

DOLGU İÇİN:
- 2 (14 ons) kutu şekerli yoğunlaştırılmış süt (dulce de leche için)
- 3 büyük olgun muz, dilimlenmiş
- 2 su bardağı krem şanti
- Çikolata parçacıkları (isteğe bağlı)

TALİMATLAR:
a) Dulce de leche'yi yapmak için, açılmamış şekerli yoğunlaştırılmış süt kutularını yaklaşık 3 saat boyunca kaynayan suyla dolu büyük bir tencereye koyun. Kutuları her zaman tamamen suya batırılmış halde tuttuğunuzdan emin olun. Açmadan önce tamamen soğumalarını bekleyin.

b) Graham kraker kırıntılarını ve eritilmiş tereyağını bir kasede karıştırın. Kabuğu oluşturmak için bu karışımı pasta tabağının tabanına bastırın.

c) Soğuyan dulce de leche'yi hamurun üzerine yayın.

ç) Dilimlenmiş muzları dulce de leche'nin üzerine dizin.

d) Muzların üzerini çırpılmış kremayla doldurun.

e) İstenirse çikolata parçacıklarıyla süslenebilir.

f) Servis yapmadan önce pastayı birkaç saat buzdolabında soğutun.

71.Banoffee Çizkek

İÇİNDEKİLER:

KABUĞU İÇİN:
- 1 1/2 bardak graham kraker kırıntısı
- 1/2 su bardağı tuzsuz tereyağı, eritilmiş

DOLGU İÇİN:
- 16 ons krem peynir, yumuşatılmış
- 1/2 su bardağı şeker
- 1 çay kaşığı vanilya özü
- 2 adet olgun muz, püresi
- 1/4 bardak dulce de leche
- 2 büyük yumurta

ÜSTÜ İÇİN:
- 2 adet olgun muz, dilimlenmiş
- Krem şanti
- Dulce de leche çiseleyen yağmur
- Rendelenmiş çikolata (isteğe bağlı)

TALİMATLAR:

a) Graham kraker kırıntılarını ve eritilmiş tereyağını karıştırın, ardından kabuğu oluşturmak için kelepçeli tavanın tabanına bastırın.

b) Büyük bir karıştırma kabında krem peyniri pürüzsüz hale gelinceye kadar çırpın. Şeker, vanilya, muz püresi, dulce de leche ve yumurtaları ekleyin ve iyice birleşene kadar çırpın.

c) Çizkek dolgusunu hamurun üzerine dökün.

ç) 325°F (160°C) sıcaklıkta yaklaşık 45-50 dakika veya katılaşana kadar pişirin. Soğumaya bırakın ve soğutun.

d) Servis yapmadan önce üzerine muz dilimleri, krem şanti, biraz dulce de leche ve rendelenmiş çikolatayı ekleyin.

72. İngiliz Sarı Adam

İÇİNDEKİLER:

- 1 ons tereyağı
- 8oz kahverengi şeker
- 1 lb altın şurubu
- 1 tatlı kaşığı su
- 1 çay kaşığı sirke
- 1 çay kaşığı bikarbonat soda

TALİMATLAR:

a) Tereyağını bir tencerede eritin ve ardından şekeri, altın şurubu, suyu ve sirkeyi ekleyin.
b) Tüm malzemeler eriyene kadar karıştırın.
c) Karbonatı ekleyip karıştırın, karışım köpürünce yağlanmış, ısıya dayanıklı bir tepsiye, kenarlarını palet bıçağıyla çevirerek dökün.
ç) Tutulabilecek kadar soğuyunca tereyağlı ellerle rengi açılana kadar çekin.
d) Tamamen sertleştiğinde kaba parçalara bölün ve artık Sarı Adamınız yemeye hazır.

73. Fındıklı Frangelico Kremalı Fudge Puding

İÇİNDEKİLER:
- 150g (5oz/1 1/4 çubuk) tuzsuz tereyağı, ayrıca yağlama için ekstra
- 150g (5oz) kaliteli çikolata (%52 kakao katıları kullanıyorum)
- 1 çay kaşığı vanilya özü
- 150ml (5fl oz/bol 1/2 bardak) ılık su
- 100g (3 1/2oz/yetersiz 1/2 bardak) pudra şekeri
- 4 organik, serbest gezinen yumurta
- 25g (1oz/1/5 bardak) kendiliğinden kabaran un
- pudra şekeri, toz haline getirmek
- 225ml (8fl oz/1 bardak) yumuşak çırpılmış krema veya 1 yemek kaşığı (1 Amerikan yemek kaşığı + 1 çay kaşığı) Frangelico fındık likörü ile karıştırılmış krema
- birkaç kavrulmuş fındık, iri kıyılmış

TALİMATLAR:
a) Fırını önceden 200°C/400°F/Gas Mark 6'ya ısıtın ve 1,2 litrelik (2 pint) turta kalıbını biraz tereyağıyla yağlayın.

b) Çikolatayı küçük parçalar halinde doğrayın ve sıcak fakat kaynamayan su dolu bir tencerenin üzerine yerleştirilmiş bir Pyrex kasede tereyağıyla birlikte eritin. Çikolata eridiğinde kaseyi ocaktan alın ve vanilya özünü ekleyin. Sıcak su ve şekeri ekleyip pürüzsüz hale gelinceye kadar karıştırın.

c) Yumurtaları ayırın ve sarılarını çikolata karışımına çırpın. Daha sonra elenmiş unu ekleyin, topak kalmamasına dikkat edin.

ç) Ayrı bir kapta yumurta aklarını sert tepecikler oluşuncaya kadar çırpın ve ardından çikolata karışımına yavaşça katlayın. Çikolatalı karışımı tereyağlı kalıba dökün.

d) Yemeği benmari usulü yerleştirin ve tabağın yarısına gelecek kadar kaynar su dökün. 10 dakika pişirin. Daha sonra sıcaklığı 15-20 dakika daha veya pudingin üst kısmı sert, alt kısmı hala yumuşak ve yumuşak ve tabanı soslu olana kadar 160°C\325°F\Gas Mark 3'e düşürün.

e) Üzerine pudra şekeri serpmeden önce biraz soğumasını bekleyin. Yanında Frangelico kreması veya Crème fraîche ile kızartılmış fındık serperek sıcak veya soğuk olarak servis yapın.

74. Kızarmış Ravent

İÇİNDEKİLER:

- 1kg (2 1/4lb) kırmızı ravent
- 200–250g (7-9oz) toz şeker
- 2-3 çay kaşığı taze doğranmış otlar
- Servis için dondurma, labne veya kalın Jersey kreması

TALİMATLAR:

a) Gerekirse ravent saplarını kesin. Raventi 2,5 cm'lik (1 inç) parçalar halinde dilimleyin ve 45 x 30 cm'lik (18 x 12 inç) reaktif olmayan, fırına dayanıklı bir tabağa tek kat halinde yerleştirin. Şekeri raventin üzerine dağıtın ve meyve suları akmaya başlayana kadar 1 saat veya daha uzun süre yumuşamaya bırakın.

b) Fırını 200°C/Gas Mark 6'ya önceden ısıtın.

c) Raventi bir parça parşömen kağıdıyla örtün ve ravent yumuşayana kadar sapların kalınlığına bağlı olarak 10-20 dakika fırında kızartın. Çok çabuk parçalanabileceği için ravente dikkat edin

ç) Dondurma, labne veya kalın Jersey kremasıyla sıcak veya soğuk olarak servis yapın.

75. Carrageen Yosunlu Puding

İÇİNDEKİLER:
- 3 yemek kaşığı taze karajen
- 4 bardak süt
- 2 yumurta sarısı
- 2 yemek kaşığı bal, ayrıca servis için ekstra
- Arı poleni, servis etmek için (isteğe bağlı)

TALİMATLAR:
a) talimatlarını takip ederek taze kullanıyorsanız karajeni yıkayın veya kurutulmuş kullanıyorsanız rehidrate edin. Sütü karajenle birlikte orta boy bir tavada orta-düşük ateşte ısıtın.

b) Yumurta sarılarını ve balı küçük bir kapta çırpın, ardından yumurta karışımını sütün içine dökün ve koyulaşana kadar yaklaşık 10 dakika karıştırın.

c) Kalıplara veya kaselere dökün ve donana kadar birkaç saat buzdolabında saklayın.

ç) Servis yaparken üzerine biraz fazladan bal dökün ve kullanıyorsanız üzerine biraz arı poleni serpin.

76. Ekmek ve tereyağlı puding

İÇİNDEKİLER:
- 1 ¾ yemek kaşığı süt
- 250 ml/8 fl oz (1 bardak) çift (ağır) krema
- 1 çay kaşığı öğütülmüş tarçın
- tatmak için taze rendelenmiş hindistan cevizi
- 3 yumurta
- 75 gr/2. ons (✓. bardak) pudra şekeri (çok ince) şeker
- 50 g/2 oz (4 yemek kaşığı) tereyağı, ayrıca yağlama için ekstra
- 10 dilim yumuşak beyaz ekmek
- 75 gr/2. oz (. bardak) kuru üzüm (altın kuru üzüm)
- pudra şekeri (şekerleme) şekeri, toz almak için

TALİMATLAR:
a) Fırına dayanıklı bir kabı yağlayın.
b) Sütü ve kremayı küçük bir tavaya orta ateşte koyun ve tarçın ve hindistan cevizini ekleyin. Kaynamaya bırakın, ardından ocaktan alın.
c) Yumurtaları şekerle birlikte bir karıştırma kabında çırpın ve karışımı kremanın üzerine dökün. Birleştirmek için karıştırın.
ç) Ekmeğin her iki tarafını da yağlayın ve dilimleri, kuru üzüm (altın kuru üzüm) ile birlikte katmanlar halinde hazırlanan tabağa koyun. Kremayı ekmeğin üzerine dökün ve 30 dakika bekletin.
d) Fırını 180C/350F/Gas Mark 4'e önceden ısıtın.
e) Pudingi önceden ısıtılmış fırında 25 dakika, altın rengi kahverengi olana ve muhallebi sertleşene kadar pişirin. Servis yapmadan önce üzerine biraz pudra (şekerleme) şekeri serpin.

77.Yanmış Portakal

İÇİNDEKİLER:

- 4 Büyük portakal
- 150 mililitre Tatlı beyaz şarap
- 1 yemek kaşığı Tereyağı
- 8 yemek kaşığı Şeker
- 300 mililitre Taze sıkılmış portakal suyu
- 2 yemek kaşığı Viski (ısıtılmış)

TALİMATLAR:

a) Portakalları dikkatlice ince ince soyun. Daha sonra keskin bir bıçakla, portakalların sağlam kalmasını sağlayarak, iç kısımlarını ve beyaz kabuğunu mümkün olduğu kadar çıkarın. İnce kabuğu ince şeritler halinde kesin ve şarapla kaplayın.

b) Portakalları fırına dayanıklı bir kaba koyun. Her birinin üstüne biraz tereyağı sürün, hafifçe bastırın, ardından her birine bir çay kaşığı şeker serpin. 10 dakika boyunca veya şeker karamelize olana kadar 400F fırına koyun.

c) Bu arada bir tencerede portakal suyunu şekerle karıştırıp kaynatın. Isıyı düşürün ve karıştırmadan şurup kıvamına gelmesini sağlayın. Portakal kabuğu ve şarap karışımını ekleyip tekrar kaynatın, ardından hızla karıştırarak hafif koyulaşıncaya kadar pişirin.

ç) Portakalları fırından alın ve eğer tamamen kızarmamışsa, birkaç dakika orta dereceli bir ızgaranın altına koyun. Isıtılmış viskiyi üzerlerine dökün ve ateşte ateşe verin. Alevler sönünce portakal şurubunu ekleyin ve yaklaşık 2 dakika kaynamaya bırakın. Hemen servis yapın; veya soğuk olarak servis edilebilir.

78. İngiliz Kremalı Kek

İÇİNDEKİLER:
- 1 sarı kek karışımı
- 4 yumurta
- ½ su bardağı Soğuk Su
- ½ fincan İngiliz Kremalı Likörü
- 1 paket Hazır Vanilyalı Puding Karışımı
- ½ su bardağı sıvı yağ
- 1 su bardağı kıyılmış kavrulmuş ceviz

SIR
- 2 ons Tereyağı
- ½ bardak) şeker
- ⅛ bardak Su
- ¼ bardak Bailey's İngiliz Kreması

TALİMATLAR:
a) Fındık hariç tüm malzemeleri birleştirin, iyice karışana kadar çırpın, fındıkları ekleyin.
b) Yağlanmış ve unlanmış 12 fincanlık tepsiye dökün ve 325F'de 1 saat veya testler bitene kadar pişirin.
c) Pastayı 15 dakika pişirin ve rafa çıkarın. Glazür malzemelerini eriyene kadar ısıtın. Kekin üzerine et çatalıyla delikler açın ve sıcak kekin üzerine ½ sırlı karışımı sürün.
ç) Kek pişince kalan krema karışımını üzerine fırçayla sürün.

79.Morina Ayakkabıcı

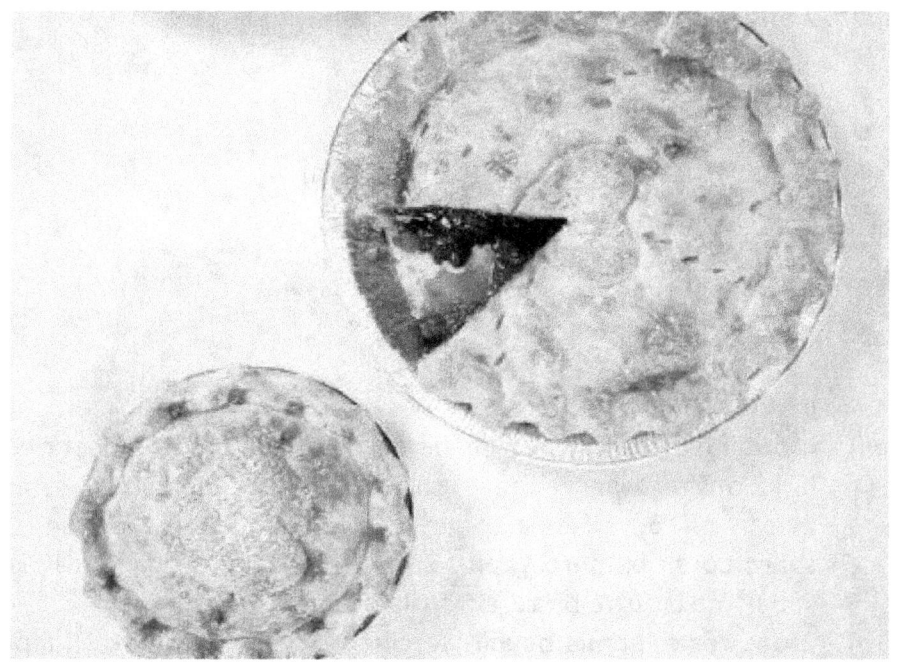

İÇİNDEKİLER:
- 1½ pound Derisiz morina filetosu
- 2 ons Tereyağı
- 2 ons Un
- ½ litre Süt
- 3½ ons Rendelenmiş peynir
- 2 ons rendelenmiş peynir (çörekler için)
- 2 ons Tereyağı (çörekler için)
- 1 çay kaşığı kabartma tozu (çörekler için)
- 1 tutam Tuz (çörekler için)
- 1 Yumurta (çörekler için)

TALİMATLAR:
a) Morina filetolarını yuvarlak bir fırın kabının dibine yerleştirin. Her biri 2 ons tereyağı ve un, ½ l süt ve 3½ ons rendelenmiş peynirden oluşan bir peynir sosu hazırlayın: balığın üzerine dökün. Daha sonra çörek hamuru yapın, 2 ons tereyağını 8 una, 1 çay kaşığı kabartma tozu ve bir tutam tuzla ovalayın.

b) 2 ons rendelenmiş peynir, tercihen olgun Çedar veya bunun ve Parmesan'ın bir karışımını ekleyin.

c) Karışıma 1 yumurta sarısını damlatın ve işlenebilir bir hamur elde edecek kadar süt ekleyin. Yarım santim kalınlığında açın ve küçük yuvarlaklar halinde kesin.

ç) Bu mermileri sosun üzerine, neredeyse yüzeyi kaplayacak şekilde atın; üzerlerine biraz süt sürün, üzerine biraz daha rendelenmiş peynir serpin ve sıcak fırında (450 F) çörekler altın rengi kahverengi olana kadar 25-30 dakika pişirin.

80.Sırlı İngiliz Çayı Kek

İÇİNDEKİLER:

- ¾ bardak Oda sıcaklığında tuzsuz tereyağı
- 1 su bardağı Şeker
- 2 çay kaşığı Vanilya
- 2 yumurta
- 3 ons Krem peynir
- ½ su bardağı şekerleme şekeri, elenmiş, oda sıcaklığında
- 1¾ bardak Kek unu
- 1¼ çay kaşığı Kabartma tozu
- ¼ çay kaşığı Tuz
- 1 su bardağı Kurutulmuş kuş üzümü
- ⅔ bardak Ayran
- 2 çay kaşığı Taze limon suyu

TALİMATLAR:

a) FIRINI 325F'ye, raf fırının ortasında olacak şekilde ÖN ISITIN. 9 inçlik (7 fincan kapasiteli) bir somun tepsisini cömertçe yağlayın. Un ile toz haline getirin; Fazla unu atmak için tavayı lavabonun üzerine hafifçe vurun. Tava tabanına sığacak şekilde parşömen kağıdı veya mumlu kağıt parçasını kesin. Bir kenara koyun.

b) KEK İÇİN, tereyağını, şekeri ve vanilyayı kabarıncaya kadar mikser kullanarak krema haline getirin. Yumurtaları teker teker ekleyin, her birini kabarıncaya kadar çırpın. Krem peynir ekleyin. İyice birleşene kadar karıştırın. Unu, kabartma tozunu ve tuzu birlikte eleyin. Kuş üzümlerini küçük bir kaseye koyun. Kuş üzümüne ¼ su bardağı un karışımını ekleyin. Kuş üzümü iyice kaplanana kadar karıştırın.

c) Kalan unu ayran ile dönüşümlü olarak hamura ekleyin. Pürüzsüz olana kadar karıştırın. Kuş üzümü ve unun tamamını karıştırmak için tahta kaşık kullanın.

ç) İyice birleşene kadar karıştırın. Hamuru hazırlanan tavaya aktarın. Spatula ile pürüzsüz yüzey. İyice kızarana ve ortasına batırdığınız kürdan temiz çıkana kadar yaklaşık 1 saat 25 dakika pişirin.

d) Kekin üstü çatlayacak. Pastayı 10 dakika kadar tavada dinlendirin. Pastayı tavanın kenarlarından ayırmak için esnek metal spatula kullanın.

e) Pastayı tavadan soğutma rafına dikkatlice çıkarın. Sıcak kekin üzerine glazürü yayın. Pastayı tamamen soğumaya bırakın. Kek folyo içinde oda sıcaklığında 3 gün saklanabilir.

f) Kek ayrıca hava geçirmez şekilde sarılarak 3 aya kadar dondurulabilir.

g) GLAZE İÇİN şekeri ve limon suyunu küçük bir kapta birleştirin. Pürüzsüz olana kadar karıştırın.

81. İngilizce Çikolatalı Kek

İÇİNDEKİLER:

- 1 yumurta
- ½ bardak Kakao
- 1 su bardağı Şeker
- ½ su bardağı sıvı yağ
- 1½ su bardağı Un
- 1 çay kaşığı Soda
- ½ bardak Süt
- ½ su bardağı sıcak su
- 1 çay kaşığı Vanilya
- ¼ çay kaşığı Tuz
- 1 Çubuk tereyağı
- 3 yemek kaşığı Kakao
- ⅓ bardak Coca cola
- 1 pound Şekerleme şekeri
- 1 su bardağı kıyılmış fındık

TALİMATLAR:

a) Şeker ve kakaoyu birleştirin, yağ ve yumurtayı ekleyin, iyice karıştırın. Tuz ve unu birleştirin, dönüşümlü olarak sıvı karışımlara ekleyin ve iyice karıştırın. Vanilyayı ekleyin.

b) Katmanlı tavalarda veya kek kalıbında 350 derecede 30-40 dakika pişirin.

c) YAPILIŞI: Tereyağı, kola ve kakaoyu tencerede birleştirin. Kaynama noktasına kadar ısıtın, ocağı kapatın, şekeri ve fındıkları ekleyip iyice çırpın. Kekin üzerine yayın.

82. İngiliz Kahvesi Turtası

İÇİNDEKİLER:

- 2 su bardağı Tuzsuz tereyağı
- 1 su bardağı Şeker
- ¾ fincan Güçlü sıcak kahve
- ¼ bardak İngiliz kremalı likörü
- 16 ons Yarı tatlı bitter çikolata
- 6 Yumurta; oda ısısı
- 6 Yumurta sarısı; oda ısısı

TALİMATLAR:

a) Rafı fırının ortasına yerleştirin ve önceden 325F'ye ısıtın. 8 inçlik yaylı tavayı ve tabanını parşömen veya mumlu kağıtla cömertçe yağlayın. Kağıdı yağlayın ve unlayın.

b) Tereyağını şeker, kahve ve likörle birlikte 3 litrelik ağır bir tencerede orta-düşük ateşte eritin, şeker eriyene kadar karıştırın. Çikolatayı ekleyin ve pürüzsüz hale gelinceye kadar karıştırın. Ateşten alın.

c) Elektrikli karıştırıcıyla yumurtaları ve sarılarını büyük bir kapta hacmi üç katına çıkana kadar çırpın ve kaldırıldığında şeritler oluşturun. Çikolata karışımına çırpın.

ç) Hamuru hazırlanan tavaya dökün. Tavayı ağır fırın tepsisine yerleştirin.

d) Kenarlar şişene ve hafifçe çatlayana kadar pişirin, ancak ortası tam olarak yerleşmemiştir (yaklaşık 1 saat). Fazla pişirmeyin (kek soğudukça sertleşecektir). Rafa aktarın ve soğutun. Örtün ve gece boyunca buzdolabında saklayın.

e) Gevşetmek için kek tepsisinin kenarlarının etrafında küçük keskin bir bıçak gezdirin. Yanları dikkatlice serbest bırakın. Tabağa koyun ve küçük porsiyonlarda servis yapın.

83.İngiliz Kremalı Dondurulmuş Yoğurt

İÇİNDEKİLER:
- 2 yemek kaşığı Su
- 1 çay kaşığı Aromasız jelatin
- 3 ons Yarı tatlı çikolata, iri doğranmış
- ¾ bardak Az yağlı süt
- ¼ bardak Hafif mısır şurubu
- ¼ bardak Şeker
- 3 yemek kaşığı Bailey's İngiliz Kremalı Likörü
- 1 su bardağı sade az yağlı yoğurt karıştırılmış
- 1 Yumurta beyazı
- ⅓ bardak Su
- ⅓ bardak yağsız kuru süt

TALİMATLAR:

a) Küçük tencerede 2 yemek kaşığı su ve jelatini birleştirin: 1 dakika bekletin. Jelatin eriyene kadar kısık ateşte karıştırın; bir kenara koyun. Med tencerede çikolata, süt, mısır şurubu ve şekeri birleştirin.

b) Karışım pürüzsüz hale gelinceye kadar kısık ateşte pişirin ve çırpın. Çözünmüş jelatin karışımını karıştırın; Serin. İngiliz kremasını ve yoğurdu ekleyin.

c) Yumurta beyazını, ⅓ su bardağı suyu ve yağsız kuru sütü sertleşene ancak kuruyana kadar çırpın. Yoğurt karışımına katlayın. Üreticinin talimatlarına göre dondurma makinesinde dondurun ; veya daha önce gönderilen buzdolabı-dondurucu talimatlarını izleyin .

ç) İngiliz Kreması dokunuşu, ağız sulandıran bir tempo değişikliği için çikolatayla birleşiyor.

84. İngiliz Kremalı Balkabağı Turtası

İÇİNDEKİLER:

- 1 9 inç derin tabak pasta kabuğu (sahip olduğunuz veya dondurulmuş)
- 1 Yumurta, hafifçe çırpılmış
- 1 bardak Balkabağı
- ⅔ bardak Şeker
- 1 çay kaşığı Öğütülmüş tarçın
- 1 çay kaşığı Vanilya
- ¾ bardak buharlaştırılmış süt
- Oda sıcaklığında 8 ons Krem peynir
- ¼ bardak Şeker
- 1 yumurta
- 1 çay kaşığı Vanilya
- 1 yemek kaşığı Baileys İngiliz Kreması

TALİMATLAR:

a) Fırını 400D'ye önceden ısıtın.
b) Balkabağı dolgusu için tüm malzemeleri iyice karışıp pürüzsüz hale gelinceye kadar birleştirin.
c) Bir kenara koyun. Krema dolgusu için, peynir ve şekeri pürüzsüz hale gelinceye kadar çırpın.
ç) Yumurtayı ekleyin ve iyice karışana kadar çırpın. Vanilya ve İngiliz kremasını ekleyin, pürüzsüz hale gelinceye kadar karıştırın.
d) Birleştirmek için: Balkabağı karışımının yarısını turta kabuğuna dökün. Kremalı karışımın yarısını balkabağı üzerine dökün. Kalan dolguyla tekrarlayın.
e) Mermer efekti oluşturmak için bıçağı yavaşça çevirin. 400 derecede 30 dakika pişirin.
f) Sıcaklığı 350D'ye düşürün ve çok hızlı kızarırsa kabuğun kenarlarını kapatın.
g) 30 dakika daha pişirin. Pastanın ortası kabarık olmalı ve üstte bir veya iki çatlak olabilir.
ğ) Fırından çıkarın ve tamamen soğutun. Soğutulup üzerine krem şanti sürülebilir.

İÇECEKLER

85. Pimm'ın Kupası

İÇİNDEKİLER:
- 2 oz Pimm'in No.1'i
- 4 ons limonata
- Salatalık dilimleri
- Çilek dilimleri
- Nane yaprakları
- Buz küpleri

TALİMATLAR:
a) Bir bardağı buz küpleriyle doldurun.
b) Pimm's No. 1'i dökün.
c) Limonatayı ekleyip yavaşça karıştırın.
ç) Salatalık dilimleri, çilek dilimleri ve nane yapraklarıyla süsleyin.
d) Tekrar karıştırın ve Pimm's Cup'ın ferahlatıcı tadının tadını çıkarın.

86. Mürver Çiçeği Fizz

İÇİNDEKİLER:
- 2 oz. mürver çiçeği şurubu
- 4 ons maden suyu
- Buz küpleri
- Limon bükümü (garnitür için)

TALİMATLAR:
a) Bir bardağı buz küpleriyle doldurun.
b) Mürver çiçeği likörünü dökün.
c) Köpüklü su ile doldurun.
ç) Birleştirmek için yavaşça karıştırın.
d) Bir tutam limonla süsleyin.

87.Bir Büküm ile Cin ve Tonik

İÇİNDEKİLER:
- 2 ons cin
- 4 ons tonik su
- Ardıç meyveleri
- Portakal kabuğu (süslemek için)
- Buz küpleri

TALİMATLAR:
a) Bir bardağı buz küpleriyle doldurun.
b) Cin dökün.
c) Tonik suyu ekleyin ve yavaşça karıştırın.
ç) Birkaç ardıç meyvesi ve bir tutam portakal kabuğuyla süsleyin.
d) Yudumlayın ve yükseltilmiş Cin ve Tonik deneyiminin keyfini çıkarın.

88. Frenk üzümü samimi maytap

İÇİNDEKİLER:
- 2 oz siyah frenk üzümü likörü
- 4 ons soda suyu
- Taze kuş üzümü (süslemek için)
- Buz küpleri

TALİMATLAR:
a) Bir bardağı buz küpleriyle doldurun.
b) Frenk üzümü likörünü dökün.
c) Üzerine soda ekleyin ve yavaşça karıştırın.
ç) Taze frenk üzümü ile süsleyin.
d) Canlı ve efervesan Blackcurrant Cordial Sparkler'ın keyfini çıkarın.

89. Earl Grey Martini

İÇİNDEKİLER:
- 2 ons cin
- 1 oz. Earl Grey çay (soğutulmuş)
- 0,5 oz basit şurup
- Limon bükümü (garnitür için)
- Buz küpleri

TALİMATLAR:
a) Bir fincan Earl Grey çayı demleyin ve soğumaya bırakın.
b) Bir çalkalayıcıyı buz küpleriyle doldurun.
c) Çalkalayıcıya cin, soğutulmuş Earl Grey çayı ve basit şurubu ekleyin.
ç) İyice çalkalayın ve bir martini bardağına süzün.
d) Bir tutam limonla süsleyin.

90. İngiliz Kahvesi

İÇİNDEKİLER:
- 1½ oz. Bushmills Black Bush İngiliz Viski
- ½ oz. basit şurup
- 2 çizgi portakallı bitter
- GARNİTÜR: turuncu büküm

TALİMATLAR:
a) Karıştırmak.
b) Taze buzun üzerinde kaya bardağına süzün. Turuncu bükümle süsleyin.

91. Campbell'ın Zencefili

İÇİNDEKİLER:
- 1½ oz. Bushmills Black Bush İngiliz Viski
- 115 gram. zencefil birası
- GARNİTÜR: limon dilimi

TALİMATLAR:
a) Buzla doldurulmuş Collins bardağına Bushmills Black Bush İngiliz Viskisini ekleyin.

b) Üstüne zencefil birası ekleyin. Kireç kaması ile süsleyin.

92.Klasik İngiliz Kahvesi

İÇİNDEKİLER:
- ¼ bardak Soğutulmuş krem şanti
- 3 çay kaşığı Şeker
- 1⅓ fincan Sıcak, koyu kahve
- 6 yemek kaşığı (3 oz.) İngiliz viskisi

TALİMATLAR:
a) Krem şantiyi ve 2 çay kaşığı şekeri orta boy kaseye koyun. Krema sert zirvelere ulaşıncaya kadar çırpın. Kremayı 30 dakikaya kadar soğutun.

b) 2 İngiliz kahve bardağını (kulplu küçük cam kupalar) veya ısıya dayanıklı saplı bardakları, içine çok sıcak su akıtarak ısıtın. Çabuk kurulayın.

c) Her ılık bardağa ½ çay kaşığı şeker koyun. Sıcak kahveyi dökün ve şekeri eritmek için karıştırın. Her birine 3 yemek kaşığı İngiliz viskisi ekleyin. Her bardağa kahvenin üzerine soğutulmuş kremayı kaşıkla dökün ve servis yapın.

93.Kahve-Egnog Yumruk

İÇİNDEKİLER:
- 2 litre Soğutulmuş yumurta likörü
- ⅓ bardak Esmer şeker; sıkı paketlenmiş
- 3 yemek kaşığı hazır kahve granülleri
- ½ çay kaşığı Tarçın
- ½ çay kaşığı Hindistan cevizi
- 1 bardak İngiliz viskisi
- 1 litre Kahveli dondurma
- Şekerli çırpılmış krema
- Taze rendelenmiş Hindistan cevizi

TALİMATLAR:
a) Büyük bir karıştırma kabında yumurta likörü, esmer şeker, hazır kahve ve baharatları birleştirin; şeker eriyene kadar düşük devirde elektrikli mikserle çırpın.
b) 15 dakika soğutun; kahve granülleri eriyene kadar karıştırın ve viskiyi ekleyin.
c) En az 1 saat üzerini kapatıp soğutun.
ç) Dondurma için yeterli yer bırakarak panç kasesine veya tek tek kaplara dökün.
d) Dondurma kaşığı.
e) Her porsiyonu dilediğiniz gibi krem şanti ve hindistan ceviziyle süsleyin.

94.Kahlua Kahvesi

İÇİNDEKİLER:
- 2 oz. Kahlua veya kahve likörü
- 2 oz. İngiliz Viskisi
- 4 fincan Sıcak kahve
- 1/4 bardak krem şanti, çırpılmış

TALİMATLAR:
a) Her bardağa yarım ons kahve likörü dökün.
b) Her bardağa yarım ons İngiliz Viskisi ekleyin.
c) Buharı tüten taze demlenmiş sıcak kahveyi dökün, karıştırın.
ç) Her birinin üzerine iki yemek kaşığı dolusu çırpılmış kremayı dökün.
d) Sıcak servis yapın ancak dudaklarınızı yakacak kadar sıcak olmasın.

95.Bailey'nin İngiliz Kapuçino'su

İÇİNDEKİLER:
- 3 oz. Bailey'nin İngiliz Kreması
- 5 oz. Sıcak kahve -
- Konserve tatlı tepesi
- 1 çizgi Hindistan cevizi

TALİMATLAR:
a) Bailey's English Cream'i bir kahve kupasına dökün.

b) Sıcak siyah kahve ile doldurun. Tek bir tatlı tepesi spreyi ile doldurun.

c) Bir tutam hindistan cevizi ile toz tatlı tepesi

96. İyi Eski İngilizce

İÇİNDEKİLER:
- 1,5 ons İngiliz Kremalı Likörü
- 1,5 ons İngiliz Viskisi
- 1 fincan sıcak demlenmiş kahve
- 1 Yemek kaşığı krem şanti
- 1 tutam hindistan cevizi

TALİMATLAR:
a) Bir kahve kupasında İngiliz kremasını ve İngiliz Viskisini birleştirin.

b) Kupayı kahveyle doldurun. Üstüne bir parça çırpılmış krema ekleyin.

c) Bir tutam Hindistan cevizi ile süsleyin.

97.Bushmills Kahvesi

İÇİNDEKİLER:
- 1 1/2 ons Bushmills İngiliz viskisi
- 1 çay kaşığı Esmer şeker (isteğe bağlı)
- 1 çizgi Crème de menthe, yeşil
- Ekstra Güçlü taze kahve
- Krem şanti

TALİMATLAR:

a) Viskiyi İngiliz kahve fincanına dökün ve üstten 1/2 inç kadar kahveyle doldurun. Tadına şeker ekleyin ve karıştırın. Üzerine krem şanti sürün ve üzerine kremayı gezdirin.

b) Kenarını kaplamak için bardağın kenarını şekere batırın.

98. Siyah İngiliz Kahvesi

İÇİNDEKİLER:
- 1 fincan sert Kahve
- 1 1/2 oz. İngiliz viskisi
- 1 çay kaşığı Şeker
- 1 Yemek Kaşığı Krem şanti

TALİMATLAR:
a) Mikrodalgaya uygun büyük bir kupada kahve, şeker ve viskiyi karıştırın.

b) Mikrodalga yüksek sıcaklıkta 1 ila 2 dakika kadar ısıtılır. Üstü krem şanti ile

c) İçerken dikkatli olun, soğuması biraz zaman alabilir.

99.Rum Kahvesi

İÇİNDEKİLER:
- 12 oz. Taze çekilmiş kahve, tercihen naneli çikolata veya İsviçre çikolatası
- 2 oz. Veya daha fazlası 151 Rum
- 1 Büyük kaşık krem şanti
- 1 oz. Baileys İngiliz Kremi
- 2 Yemek kaşığı Çikolata şurubu

TALİMATLAR:
a) Kahveyi taze öğütün.
b) Demlemek.
c) Büyük bir bardağa 2+ oz koyun. altta 151 rom var.
ç) Sıcak kahveyi bardağa 3/4 oranında dökün.
d) Bailey's English Cream'i ekleyin.
e) Karıştırmak.
f) Üzerine taze çırpılmış kremayı ekleyin ve çikolata şurubunu gezdirin.

100. Viski Atıcı

İÇİNDEKİLER:

- 1/2 su bardağı Yağsız süt
- 1/2 su bardağı sade az yağlı yoğurt
- 2 çay kaşığı Şeker
- 1 çay kaşığı hazır kahve tozu
- 1 çay kaşığı İngiliz viskisi

TALİMATLAR:

a) Tüm malzemeleri düşük hızdaki karıştırıcıya yerleştirin.

b) Malzemelerinizin birbirine karıştığını görene kadar karıştırın. birbirlerine dahil edilirler.

c) Sunum için uzun bir çalkalama bardağı kullanın.

ÇÖZÜM

"İngiltere'nin Tam Bölgesel Yemekleri" ile mutfak yolculuğumuzu tamamlarken, İngiltere'nin mutfak dokusunun zenginliğini ve çeşitliliğini deneyimlediğinizi umuyoruz. Bu sayfalardaki her tarif, nesiller boyunca İngiliz sofralarını süsleyen benzersiz tatların, geleneksel yemeklerin ve bölgesel spesiyalitelerin bir kutlamasıdır; ülkenin gastronomik kimliğini tanımlayan, zamanla test edilmiş ve özgün tariflerin bir kanıtıdır.

İster Cornish hamur işlerinin sıcaklığının tadına varın, ister Yorkshire pudinglerinin yumuşaklığını benimseyin, ister bölgesel fırınlardan ilham alan tatlı ikramların tadını çıkarın, bu tariflerin İngiliz mutfağının çeşitli ve sevilen tatlarına olan takdirinizi ateşlediğine inanıyoruz. Malzemelerin ve tekniklerin ötesinde, "İngiltere'nin Tam Bölgesel Yemekleri" bir ilham kaynağı, gelenekle bağlantı ve her otantik yemeğin getirdiği mutluluğun kutlanması olsun.

İngiliz bölgesel yemek pişirme dünyasını keşfetmeye devam ederken, bu yemek kitabının, İngiltere'nin mutfak mirasının zenginliğini ve çeşitliliğini sergileyen çeşitli tarifler konusunda size rehberlik edecek güvenilir arkadaşınız olmasını dilerim. Her bölgenin özgün lezzetlerinin tadına varmak, zamanla test edilmiş yemekleri yeniden yaratmak ve her lokmayla gelen lezzeti kucaklamak için buradayız. Mutlu yemek pişirme!

www.ingramcontent.com/pod-product-compliance
Lightning Source LLC
Chambersburg PA
CBHW071822110526
44591CB00011B/1185